会計と倫理

信頼と公平を
携えた
800年の軌跡

渡邉 泉 著
Watanabe Izumi

同文舘出版

目次

第3章　岐路に立つ現代会計学

序章 歴史が教える会計の役割

「哲学がみずからの灰色を灰色で描くとき、生の形態はすっかり古びたものになってしまっているのであり、灰色に灰色を重ねてみてもその形態は若返えらず、単に認識されるにすぎない。ミネルヴァの梟は、夕暮れの訪れとともに、ようやく飛びはじめるのである。」

ヘーゲル『法の哲学』

多発する経済的格差と社会矛盾

2007年9月に生じたサブプライム危機を発端に、翌年の2008年9月15日のリーマン・ブラザーズ・ホールディングスの経営破綻を誘発させたいわゆるリーマン・ショックによって、金融危機が世界中を駆け巡った。この金融危機を境に、富める者と貧しい者との貧富の差が拡大し、経済的格差による差別や犯罪が多発し、近年ではあってはならない戦争までもが引き起こされている。こうした状況を食い止めるために、会計は、一体何ができるのであろうか。何をしなければならないのであろうか。会計学の存在意義が問われるところである。

われわれの経済生活の根本にある利益計算は、本書で取り上げる会計学が担い、会計学の損益計算構造を支えてきたのが複式簿記である。この複式簿記の誕生は、13世紀初めのイタリアの北方諸都市であり、金銭の貸借に伴うトラブルが生じた時の公正証書の代役として登場する。なぜなら、すべての取引に公正証書を作成するには、あまりにも多くの時間と厖大なコストがかかったためである。そのため、複式簿記に求められた第一義的な役割は、何よりもその記録の正確性と信頼性であった。

本書では、複式簿記（会計）を誕生させた絶対的規範である信頼性が形成されてきた歴史的な過程を追尾し、信頼性が何によって担保されるのかについて論究し、会計行為における倫理観・

道徳観と両者を形成する教育の必要性について論じている。どこまで突き詰めることができたのかは、はなはだ心もとない限りであるが、最後までお付き合いいただけることを願っている。

会計史研究のスタート

「簿記は、いつ歴史の舞台に登場したのか？」、「生成当初の簿記の役割は、何であったのか？」、「簿記は、なぜ複式簿記として誕生したのか？」。簿記の講義を受けた時、最初に浮かんだ疑問であった。この疑問が会計の歴史という途方もない領域に足を踏み込ませた要因であった。こうした疑問に応える手始めとして、簿記・会計の根幹である損益計算の進化のプロセスを追いかけることにした。会計史研究を始めた当初の通説では、損益計算は、13世紀初頭のヴェネツィアで発生し、そこでは荷口別に設定した取扱商品がすべて売却済みになるのを待って、荷口別商品ごとに勘定を締め切って荷口別の損益を求めたというものであった。口別損益計算と呼ばれる損益計算システムである。そこから三百数十年という長い時を経て、今日のように、1年ごとに期間を区切って企業全体の総括損益を計算する方法が定着する。この手法が16世紀前半のフランドルで登場した期間損益計算システム（年次決算）である。

かつては、この期間損益計算を誕生させたのは、発生主義であったといわれていた時があった。

発生主義というのは、利益の計算に当たり、収益と対応させる費用をいつの時点で計上するかに適用する基準であり、その時点を現実の支出が行われた時点ではなく、支出の発生が見込まれる時点で費用として計上しようという考え方である。しかもそれを減価償却と結びつけ、19世紀のイギリスで誕生したというのが当時の通説であった。この通説に従えば、期間損益計算（年次決算）は、19世紀のイギリス生まれになる。

しかし、事実は異なっていた。13世紀末イタリアのファロルフィ商会サロン支店の元帳では、決算時にすでに前払地代を資産に計上し、未使用食糧品も期末に資産に計上するといった史料が見出されている。[1] この記帳例から明らかなように、地代の費用計上を現金支出額によって計上するのではなく、当初の契約にもとづいて、当期分の地代のみを費用計上する方法を取っている。まさしく、現金主義ではなく発生主義によって費用計上しているのである。発生主義は、19世紀のイギリスにおいてではなく、13世紀イタリアの複式簿記の誕生と共に用いられていたことが明らかになった。そもそもの誤りの出発点は、取扱商品を処理する勘定の設定方法と、帳簿の締切をいつ行うかという期間の設定方法について、本来次元の異なる概念を同一座標上で論じたことにあった。[2]

通説を乗り越えて

この矛盾を追いかけて、10年という長い年月があっという間に流れ去った。彷徨の末に辿り着いたのは、通説の［口別損益計算→期間損益計算］という発展シェーマが次元の異なる概念を同一の座標軸で展開させたことによって生じた矛盾であった。そのため、新たに先駆的期間損益計算という概念を設定し、時間という同一次元で比較した［口別損益計算（非期間損益計算）→先駆的期間損益計算（非定期的期間損益計算）→期間損益計算（年次決算）］というパラダイム展開を行うことにした。[3] しかし、より厳密に掘り下げた史料分析の過程で、先駆的期間損益計算は、口別損益計算から発展したシステムではなく、フィレンツェの商人たちの間では、すでに複式簿記の誕生と共に行われていたことが多くの史料から明らかになった。ヴェネツィアの商人たちが行っていた口別損益計算と同時代から行われていたのである。これが実地棚卸で損益を求めていた前期先駆的期間損益計算である。14世紀前半になると、帳簿記録によって正確に損益を求める方法が定着してくる。後期先駆的期間損益計算である。この段階に至って初めて、複式簿記の完成ということができる。複式簿記の誕生から百数十年の時を要していた。

当初、心勇んで提唱したパラダイム転換にも不十分な点が散見されたため、いくつかの矛盾点に修正を加え、最終的な損益計算の発展シェーマを提示したのが、『会計学の誕生―複式簿記が変えた世界』であり、厳密に再整理した『会計学者の責任―歴史からのメッセージ』である。

最終地点に至るのに、当初の提案からさらに30年を超える年月を要した。気の遠くなる年月であったが、歴史研究とは所詮そんなものである。史料分析に膨大な時間と労力を要し、それにもとづいて理論整備を行う。その成果を公表するには、さらに10年、20年といった途方もない時間が求められる。しかし、昨今の成果を早急に求める研究環境が、コンピュータを駆使したデータ解析による実証分析偏重の研究スタイルを生み出し、社会科学で最も大切な歴史や理論の研究領域を遠く彼方に追いやってしまった。それでは、学問は、死滅してしまう。歴史や理論といった基礎研究の大切さを再認識してもらいたい。

歴史は会計の本質が信頼性にあることを明示

冒頭で述べたように、複式簿記は、13世紀初頭、公正証書に代わる文書証拠として歴史の舞台に登場する。すべての取引に公正証書を作成するには、余りにも多くの時間とコストがかかる。そのため、歴史は、公正証書と同等の信頼性や公平性が付与された取引記録として、複式簿記を誕生させることになる。取引記録の信頼性は、取引の一方からの単式記録ではなく、双方からの複式記録によって、より多くの人から勝ち取ることができるのは、いうまでもない。単なるメモ書きに過ぎない記録では、公正証書に代わってその役割を果たすには、余りに荷が重すぎる。公正証書と同等の信頼を得るための手法として、複式簿記を誕生させることになる。取引双方からの二重の複式記録システムがより強い信頼性を与え、公正証書の代役を務めさせたのである。信頼性を確固たるものにするための手法が簿記を複式簿記として誕生させた要因なのである。トートロジーになるが、信頼を得るために二面的で正確な取引記録が複式簿記を誕生させ、その結果、複式簿記に信頼性と公平性が与えられることになる。

重要なのは、記録の信頼性や公平性は、如何にすれば手に入れることができるかである。もし経営側から意図的に取引記録に改ざんが加えられるなら、複式簿記による記録が如何に貸し手・借り手の双方からの記録であるとしても、その記録に信頼性や公平性を付与することは難しくなる。意図的な改ざんを防ぐためには、上からの強い規制、すなわち国あるいは組織の最高責任者による法や基準にもとづく違反者への厳格な罰則が考えられる。こうした法や規定による物理的な罰則と同時に、中世キリスト教社会には徴利禁止令が存在していた。違反者は、死後に地獄に落ちるという心理的な圧力が加えられると同時に、法による厳しい罰則が、不正への強い抑止力を働かせていたものと思われる。

企業家の倫理観を担保するもの

しかし、人は、どのような強い罰則があったとしても、往々にして欲望に負け、自制心を無くしてしまう。では、この無力感を打ち破る方策は、何に求めればよいのであろうか。最終的には、個々人の持つ良心に働きかける倫理観・道徳観以外に道はない。特殊的、相対的、主観的と思われがちな倫理観・道徳観を普遍的、絶対的、客観的な領域に止揚し、社会的な規範としてすべての人が力による強制ではなく、自らの自発的な意思によって守っていく法や規範や制度を定着させることが重要になる。

12－13世紀に登場した商業資本主義は、18世紀を迎えたイギリスで産業資本主義（近代資本主義）へと進化していく。マックス・ヴェーバー（1864-1920）は、その特質を商人ではなく勤労民衆（中産的生産者）のうちにある人間の道徳的・宗教的な社会意識（エートス）と関連づけて論じている。すなわち、商業資本主義は、かつていわれていた前期資本主義時代の単純な営利拡充や進展過程の問題としてではなく、生産力の発達の問題として捉えられている。[4] この生産力の発達によって多くの人を貧困から解放することができるが、他方では極大利潤を志向する商人のエートスは、時として賤民的資本主義を生み出す要因にも成りかねない。[5] いわば、諸刃の剣である。

信頼性を担保する法と監査制度

論点を会計の場に戻すことにする。19世紀に登場する財務諸表の作成目的は、多額の投資を誘引するため、その安全性を貸借対照表によって、有利性を損益計算書（収支計算書ないしは収益勘定表）によって広く市民に伝達することにあった。南海泡沫事件（1720）を経験した人たちに投資の安全性を納得させるのは、容易なことではなかった。そのため、イギリス政府は、新たに会社法を制定（1844）して、貸借対照表の作成を義務づけ、1856年法でその雛形と収支計算書（損益計算書）の開示を義務づけた。

加えて、財務諸表が提示する内容の信頼性を担保するために、新たに会計の専門家による団体（勅許会計士協会）を設立し、企業が提示する会計資料の監査を行った。史上初の監査報告書は、南海泡沫事件の後処理を指揮したロバート・ウォルポール（1676-1745）の命を受け、贈収賄事件の顛末を書いたチャールズ・スネル（1670-1733）の報告書であったといわれている。しかし、実際は、被疑者の反論を補足するための報告書に過ぎなかったといわれている。[6]

会計学ならびにその計算構造を支える複式簿記は、誕生以来一貫して信頼性を第一義として進化してきた。会計士による帳簿の監査は、会計の信頼性を補強するものであった。まさしく、簿記会計の本質は信頼性にあり、信頼性は、公平性によって担保されていることが前提になる。とはいえ、帳簿に記録され、財務諸表として開示される情報がいつも信頼できる内容であるかといえば、必ずしもそうではないこともある。こうした状況は、何によって防ぐことができるのか。その一つの方向が厳しい罰則を伴う法律を制定し、その厳密な履行を公認会計士によってチェックさせる制度を法制化することにあった。こうして登場したのが厳密な法や会計基準の設定であり、その履行を確認する会計監査であった。

最後の砦は倫理・道徳と教育

とりわけ、グローバル化する世界経済に対応するため、１９７３年６月に国際会計基準委員会（ＩＡＳＣ）が設置され、２００１年４月に国際会計基準審議会（ＩＡＳＢ）に改編される。それにもかかわらず、２００８年９月15日にかのリーマン・ショックが世界経済を震撼させたのである。一体、何が会計に欠けているのであろうか。そうした状況を踏まえて、２００８年11月に国際財務報告基準（ＩＦＲＳ）によってロードマップ案が作成される。

しかし、どのような厳しい規制であっても、必ずやその網を潜り抜け、不正を働く者が出てくる。どれほど厳しい罰則を伴う制度や法律を設けたとしても、倒産が目前に迫り、明日からの生活崩壊が目に見えている人にとっては、ほとんど意味をなさないといえば、言い過ぎであろうか。

法的な規制だけで不正行為を抑止するのには限界がある。何よりも当初から不正を不正と思わない人に対しては、なおさらのことである。

だとすれば、会計不正に歯止めをかけることができるのは、何であろうか。最終的には、国による安心して暮らしていける生活保障と各個人が持つ正義感、すなわち倫理観・道徳観しかない。この倫理観・道徳観を育成するのが、児童期からの学校教育であり、社会に参画してからの社会（企業）教育である。会計不正を抑止する最後の砦は、教育にある。本書では、こうした理念の下で、会計の歴史を振り返りつつ、会計学の根幹の信頼性を支える会計人の倫理観・道徳観の問題を、児童期からの学校教育や社会人になってからの企業教育の問題と合わせて論じていくことにする。

1　渡邉［2016］42頁。
2　渡邉［1983］4－8頁。
3　渡邉［1983］第1章。
4　大塚［1969］6－7頁。
5　ヴェーバー著、大塚訳［2015］320頁、327頁。
6　渡邉［2020］128頁。

第1章 複式簿記における信頼と倫理

「会計発展の史的論述はここにおわった。光ははじめ15世紀に、次いで19世紀に射したのである。…人は複式簿記を会計に発展せしめたのであった。だが、それは、しょせん、悠久なる歴史の断片であるに過ぎない。」

リトルトン『1900年までの会計進化論』

1　はじめに

複式簿記誕生当初の役割

会計学の損益計算構造を支える複式簿記は、13世紀初頭のイタリア北方諸都市で、取引に伴うトラブル回避のために公正証書に代わる債権債務の文書証拠（備忘録）として誕生する。発生当初の複式簿記は、元帳に損益勘定がまだ設定されていないか設定されていたとしてもその役割が他の収益費用勘定を締め切るための単なる結算勘定に過ぎず、個々の取引記録の証明はできても、度量衡の複雑さや計算能力（教育）の拙劣さ故に、帳簿記録によって企業全体の総括損益を計算するまでには至っていない。そのため、総括損益の計算には帳簿記録とは別の方法、すなわち実地棚卸に依存するしか道はなかった。そこで作成されたのがビランチオ（利益処分結合財産目録）である[1]。

しかし、実地棚卸で求めた利益にはどうしても疑念が生じる。何らかの方法で、ビランチオの利益の正当性を証明する必要性に迫られた。この要求に応えるために用いられたのが日々の取引をもれなく記録するシステム、すなわち複式簿記である。結果の側面から実地棚卸（ストック）で求めた利益を原因の側面から継続記録（フロー）による利益で検証したのである。重要な約定には公正証書が交わされたが、取引すべてにそれを行うには余りにも多くの時間とコストがかかる。代わって用いられたのが帳簿であった。信頼できる証拠書類としては、取引の一方からの記録である単式記帳《シングル・エントリー》（いわゆる単式簿記）よりも、取引双方からの記録である複式簿記《ダブル・エントリー》がより高い信頼を得るのは、いうまでもない[2]。簿記がなぜ複式簿記として誕生したのか、その必然性を明らかにするのが本章の目的の一つである。

会計学の登場により信頼性から有用性へ役割の変容

19世紀を迎えた複式簿記は、株式会社の登場によって投資の安全性と有利性を広報する手段として財務諸表を誕生させ、資金調達のための情報提供機能としての役割を確立させて会計学へと進化していく。複式簿記は、記帳内容が事実であることを証明する手法として信頼を勝ち取ったが、情報提供機能を第一義とする会計学は、その役割を単なる事実の開示から資金調達のための開示へと転換していく。それに伴い、会計の役割もまた信頼性・検証可能性から有用性・目的適合性へと変容することになる。

有用な情報には、自ずと被提供者の要望やその思いに応えようとする提供者の意図に合わせた期待値や予測値が入り込む。資金提供者に投資を誘引させるための情報は、公正証書の代役を務める信頼できる複式簿記の正確な取引事実の提供機能を後退させていくことになる。様々な測定基準が登場するのも、それが原因の一つである。予測値が特定の利害関係者にのみ有用になる事態が生じてくると、そこには一定の歯止めが必要になる。それが法律であり様々な基準や制度である。この法や会計上の規定に違反していないかをチェックするために登場したのが、会計士による監査であり企業統治である。

しかし、いくら法律や基準が整備されたとしても、その設定に特定の圧力や忖度が働くと、法や基準それ自体に問題が残る。重要になるのは、法整備に携わる人の良心や倫理観であり、それをチェックする人の使命感である。本書の目的は、科学としての会計学の領域では、議論の場に馴染みにくいと思われがちな倫理・道徳、ひいてはその精神を形成する教育の問題について論じるところにある。

2　複式簿記を誕生させた信頼性

ヴェネツィア式簿記とフィレンツェ式簿記の違い

13世紀初頭のイタリアで発生した複式簿記ではあったが、同じイタリアでもヴェネツィアとフィレンツェでは、当時の政治体制の違いによって、損益計算の形態を異にしていた。ヴェネツィアでは、貴族が絶対的な権限を持つ大評議会によって統治されていたため、企業形態も大貴族を中心に据えた個人ないしは血族による家族組合（ソキエタス）が中心で、所得税の登場前では、厳密な利益計算はさほど必要とされることはない。単に取扱商品がすべて売却済みになるか各航海が終了する時点で、荷口（航海・旅行）別に設けられた勘定ごとに損益を計算したに過ぎなかった。口別損益計算と呼ばれるシステムである。

それに対して、同時代のフィレンツェでは、貴族（豪族）による政治支配を否定し、血族を避けて3－5年の契約で期間組合（マグナ・ソキエタス）を結成した。他人と組む期間組合では組合員相互間での利益分配のために総括損益の計算が欠かせない。しかし、この時点ではまだ帳簿記録で総括損益を計算することができなかったため、実地棚卸によって求めざるを得なかった。前期先駆的期間損益計算と呼ばれるシステムである。その後百数十年の時を経て、非定期的ながら実地棚卸ではなく継続記録にもとづいて総括損益計算が行われた。このシステムを後期先駆的期間損益計算といい、この時点をもって複式簿記の完成と見なすことができる。なぜなら、複式簿記の本質は、企業全体の総括損益計算にあるからである。

この時代になると、ヴェネツィアでも総括損益計算の重要性が認知され、荷口別の損益計算ではなくフィレンツェ式の後期先駆的期間損益計算に統合される。1年という期間に区切った定期的期間損益計算（年次決算）が定着するのには、さらに200年の時を要する。16世紀半ばから17世紀初頭にかけてのフランドルやオランダにおいてのことである。[3]

公正証書に代わって誕生した複式簿記

信用取引の発生当初では、商人たちは、債権債務の回収や返済に伴うトラブルを回避するために公正証書を取り交わした。しかし、すべての取引に公正証書を交わすには余りに多くの時間とコストがかかる。それを回避するために用いられたのが複式簿記による記録である。帳簿に十字架と神への誓いの文言を記して、そこには決して嘘偽りがないことを誓い、公正証書に代わる信頼を勝ち取っていった。歴史を振り返れば、複式簿記の本質が正確で信頼できる記録（文書証拠）とそれにもとづく損益計算にあったことが明確になる。取引記録に信頼を与えるためには、取引の当事者一方からの記録（単記）ではなく、貸借複記による双方からの両面記録（複記）がより適しているのは、いうまでもない。信頼ある取引記録として、簿記が単式記帳（いわゆる単式簿記）ではなく複式簿記として誕生した理由がここにある。

記帳の段階では、日々発生する取引を一つの漏れもなく正確に記帳しているか、利益の計算過程で誤りがなかったか、いわば純粋に計算技術上の観点で信頼が問われている。そこには出資者の特定の意図や指示が入り込む余地はない。もし意図的に改ざんが行われるなら、その時にこそ、経営者の倫理観や道徳観が問われることになる。会計の計算構造そのものにおいて倫理や道徳が制度上議論の俎上にあがるのは、徴利禁止令以降では、利益管理が行われるようになってからのことである。具体的には、近代的な株式会社が出現し、投資誘引のための財務諸表が登場して以降のことである。

リトルトンとステフィンの複式簿記観

かつてＡ・Ｃ・リトルトン（1886-1974）は、「貸借対照表に関する資料は、種々の観点から重視され、精錬されてきた。しかし、費用や所得に関する資料は、単に貸借対照表の正確性を他の方法で証明する付随物に過ぎなかったのである。事実、17世紀においては、費用や所得に関する資料は単に『財産の証明』として示されたにすぎなかった」[4]と述べている。

確かに、ルカ・パチョーリと並び称されるオランダの数学者シーマン・ステフィン（1548-1620）は、その著『数学的回想録』（1605）において損益表が状態表を証明する役割を担っているといっているが、[5]証明するという行為は、結果（ストック）として計算された利益を原因（フロー）の側面から検証する作業であり、リトルトンのいう単なる損益計算における付随行為ではない。むしろ会計学にとって最も重要な信頼性を立証するための行為である。収益・費用にもとづく原因の側面からの損益計算こそが会計の神髄であり、複式簿記を完成に導くと共に、信頼性を確固たるものにした要因なのである。

信用取引において最も重要なのは、取引当事者間の相互信頼である。複式簿記が公正証書に代わって信頼を勝ち取り得たのは、日々生起する取引の正確な記録にあった。しかも、その記録は、単なる一方からの記録ではなく、取引の当事者と取引相手の双方からのフローとストック、原因と結果の二つの側面からの体系的組織を有する複式簿記によって記帳されている。いわば複式簿記は、発生当初から信頼性を内在させていたのである。否、信頼を確保するための記録こそが複式簿記なのであった。日々の正確な取引記録が事実を証明する第一義的な手段であり、その立脚基盤を現実の取引価格である市場価値（取得原価）に置いたのもまた，必然の結果であった。商人のエートスが，悠久の歴史の中で，自らが培ってきた商取引における慣習や約束事を昇華させ，損益計算のための信頼できる記録システムを創り上げていく。記録の信頼性・公平性と商人の倫理観ないしは道徳観との融合が複式簿記を誕生させ，以後商人にとって不可欠な技法として定着していくことになる。

3　徴利禁止令と商人の思い

聖書における徴利禁止とアクィナスの解釈

中世ないしは近世初頭のヨーロッパの商人，とりわけ金融業者が最も頭を痛めたのは，徴利禁止令であった。中世キリスト教社会におけるイタリアでは，12世紀以降に体系化されたローマ法が存在していたが，神学や教義以外の法については，カトリック教会によって主張されたカノン法が，実質的な影響力を有していた。とりわけ，私法の領域に関する利息の禁止（徴利禁止）については，カノン法の教えが強く支配していたといわれている[6]。ただし，貸し付けたお金に利息を取る（徴利）行為と法律で定められた以上の不法な利息（高利）を取る行為とは、分けて考える必要がある。

徴利禁止に関する戒律は、「創世記」に続く旧約聖書の2番目の書「出エジプト記」22章24節の「もし、あなたがわたしの民、あなたと共にいる貧しい者に金を貸す場合は、……彼から利子を取ってはならない。」やモーゼの五書の一書「申命記」23章20節の「同胞には利子を付けて貸してはならない。銀の利子も、食物の利子も、その他利子が付くいかなるものの利子も付けてはならない。」に由来している。聖書に記された徴利禁止の教えが聖職者間で具体的に採択されるのは、325年の第1回ニケーア公会議であり、これが聖職者による徴利が禁止される契機になったといわれている。[7]

徴利が悪と見なされたのは、金銭の貸借で得る利子は、お金の貸付から返却までの時間に対して支払われる対価であって、本来神のみに属し神によって万人に等しく与えられる時間を特定の商人が私物化していることになり、そうした行為が神に対する罪深い所業になると考えられたからである。その結果、金銭貸借によって得る利子は、まぎれもなく徴利になり、禁止されるべきものと見なされた。

しかし、トマス・アクィナス（1224-1274）やスコラ学徒は、たとえ両替商による貸付金利が徴利に該当するとしても、もし返済が遅延すれば、新規の借り手が手にできる便益が奪われることになる。そのため、遅滞期間に生じる「期待利益の喪失分」を請求する行為は、債務者が神から奪った時間を取り戻すことであり、決して神の教えに反するものではないと考えた。この動きの出発点になったのがグレゴリウスⅨ世（1143?-1241）によって1230年頃に発令された教令であるといわれている。この考え方が最初の貸付時点にまで遡及されると、金銭貸借そのものが徴利とはいえない論拠になる。[8] アクィナスによって説かれた「期待利益の喪失」論が徐々に拡張され、通常の貸付金利にまで適用されていく。

もちろん、こうした状況下でも、徴利禁止は、厳格に運用され、やがて14世紀中にはキリスト教徒の金貸しは徐々に姿を消していくことになる。代わって登場するのがユダヤ教徒の高利貸である。生活に困窮した人に高利で金を貸し付けて膨大な利益を手に入れ、大きな社会的矛盾を生み出していく。その状況を正すために1462年に低利で貸し付けるモンテ・ディ・ピエタ（公的質屋）が設立される。このモンテが手にする利子が徴利禁止に触れるか否かの論争が繰り広げられ、1515年の第5回ラテラノ公会議で教会の禁止する徴利ではなく正当な利子だとする原則が確立される。[9]

消費貸借と投資貸借の違い

徴利の問題は、所有権と使用権の二つの観点からも論じられてきた。例えば、両者を分離できない小麦やワインを購入する消費貸借（生活のための金銭貸借）に伴う金利は、単なる利益を得るための投資貸借（商売のための金銭貸借）とは異なるため、それを徴利と見なすのは不当ではないのかという考えが生じてくる。[10] この解釈は、やがて使用と消費が一体ではない消費貸借にまで拡大され、聖書が禁じているのは金銭貸借（投資貸借）による暴利としての徴利だけであって、通常の商取引（消費貸借）で利益を得る行為は、教義には反しない正当な利子と見なされるようになる。神の呪縛からの解放である。

ただ厄介なのが、為替取引であった。遠隔地との交易が盛んになると、約束手形での決済は、不払のリスクが増大するため、公正証書を添えた約束手形が用いられるようになる。しかし、如何に公正証書を添付したからといえ、所詮約束手形のままでは、頻発する野盗や海賊によるリスクの回避には限界がある。そのため、約束手形に代わって登場するのが、第三者を取り込んだ為替取引である。[11]

この為替取引が多くの論争を引き起こすことになる。

徴利禁止逃れのための為替手形

当時の商人たちは、徴利禁止を逃れるためにある時は帳簿の数字をごまかし、またある時は商品売買を装って売却と買い戻しの差額に徴利を忍び込ませるといった様々な不正を行った。中でも実利を得るために知恵を絞って考え出されたのが為替取引である。例えば、シエナの商人が資金を調達する際、自国でシエナ貨幣を直接借り入れると金利が高くなるので、シャンパーニュ大市の通貨プロヴァン貨幣（フランス）での支払いを約定した為替手形を振り出し、その代金をシエナ貨幣で受け取るという方法である。

シエナに居ながらにしてシエナ貨幣で受け取り（送り）、それに対して直ちにプロヴァン貨幣での支払（戻し）を約定した為替手形を振り出す。なぜなら、シエナ貨幣の金利よりもプロヴァン貨幣の金利が低いため、その金利差を利用して利益を得ようとしたからである。[12]こうした行為に対して、教会は、禁止を命じようとする。なぜなら、為替取引は、為替の交換に要する融資期間が長きにわたるため、商人が時間を私物化する罪深い行為になるという主張である。

為替が徴利行為になるという解釈に対して、ラグーサ共和国（現在のクロアチア）生まれで為替に精通していたベネット・コトルリ（1416-1469）は、当時の商取引に関して「為替は完璧な発明であり、商業にとって重要で、必要な要素である。人体の組織が食物なしには維持できないように、商売は為替なしには成り立たない。……私は、多くの神学者が昔も今も、それを不法なものとして断罪していることに驚くばかりだ。[13]」と述べている。スコラ学者の間でも、為替は複雑で謎めいた存在であったため、結局は徴利隠しの構造を見抜くことができないままに時が流れ、教会と商人の闘争は、最終的には商人側に軍配が上がることになる。[14] この点について、大黒俊二は、為替の徴利性は強く、コトルリもまた、「本当に為替が徴利でないと思っていたのであろうか」とその必要性とは切り離して、為替取引を懐疑的に捉えている。[15]

中世ないしは近世初頭のキリスト教社会では、徴利は、神との関わりにおいて大きな問題であった。しかし、徴利か否かは別にしても、利益獲得の行き過ぎた商行為は、会計倫理の視点からだけではなく、人としてのあり方そのものが問われることになる。教会への多額の寄付は、所詮は免罪符の購入と同じく、死後に待ち受ける地獄の恐怖からの逃避に過ぎない。

理論とは、自己防衛のための正当化の論理ではない。重要なのは手前勝手な言い訳ではなく、人倫の理《ことわり》に反しない実践にある。経営に従事する者の倫理観こそが企業を成長させ、多くの成果を約束する原点である。倫理観・道徳観を踏まえた信頼できる商行為にこそすべてが凝縮されている。こうした考えを最初に商人に意識させたのが徴利禁止への対応であり、つけ加えるなら、人倫の道に反しない信頼できる取引記録の重要性への認識が簿記を複式簿記として誕生させる要因の一つになった、といえるのではなかろうか。

4　複式簿記の完成と試算表の役割

帳簿の信頼確保のために神の助けを借りる

では会計は、信頼を勝ち取るために何をしてきたのか。複式簿記の発生当初では、一つに、神の力を借りながら記帳の正確性に嘘偽りがないことを証明しようとした。具体的には、帳簿に十字架と神への誓いの文言を記して、公正証書に代わる文書証拠の役割を果たしてきた。二つには、取引を複式簿記で記録したことである。借り手と貸し手、売り手と買い手、またフロー（原因）とストック（結果）という二つの側面から両建てで記帳するのが複式簿記である。複式簿記こそが単式記帳による単なるメモではなく、信頼を勝ち取るための究極の為せる業であった。商人の取引記録・損益計算は、複式簿記によって複記され、決して覚書のための単記の記録として生成したものではない。複式簿記の特質を生かし、貸借複記の特質を生かして記録の信頼を担保しているのが試算表である。もちろん、試算表による取引記録の正確性の検証に限界があるのはいうまでもない。

13世紀初頭に発生した複式簿記は、紆余曲折を経ながら、14世紀前半に完成する。具体的には、実地棚卸で求めたビランチオの利益を継続記録による損益勘定で算出した利益によって検証した時点である。その初期の事例として、14世紀前半のフィレンツェのコルビッチ商会の帳簿（1333-1338）やプラトーのダティーニ商会バルセロナ支店の帳簿（1366-1411）を挙げることができる[16]。

コルビッチ商会で複式簿記が完成

そこでは、組合員への利益分配のために、期間に区切った厳密な損益計算が行われている。とりわけ、コルビッチ商会の帳簿では、広く波及するよりも2世紀も先駆けて、年次決算を行っている。正確な損益計算には、何よりも先ず日々の取引を細大漏らさず正確に記録することが前提になる。正確無比な記録、誤りのない計算、信頼できる会計担当者や最高責任者の存在が問われる。取引記録に誤りがないか否かを検証するために、複式簿記の特質である貸借平均の理を生かして作成されるのが試算表である。ただこの試算表は、パチョーリも指摘しているが、実務では帳簿とは別の紙葉に作成されるため、検証が終わると破棄されることが多く、残存する帳簿の中で試算表が見出せるのは稀である。

機能的には試算表とはいえないが、早くは試算表と同様の形式を備えた勘定をフィレンツェのファロルフィ商会の元帳（1299-1300）に見出すことができる。そこでは、損益勘定と残高勘定が一緒になった決算整理後残高勘定とでもいえる特殊な勘定が残されている。またヴェネツィアの商人アンドレア・バルバリゴの息子ニコロとアルヴィーゼの帳簿（1456-1483）では、元帳の締切時点で作成された残高勘定に収益と費用も転記され、今日の残高試算表を想起させる勘定が作成されている。[17] ただしこの残高勘定は、１４５６年から１４８３年の27年間で一度も締め切られていない。すなわち、この勘定設定の目的は、記帳の正否の検証ではなく、収益と費用に関する勘定を締め切るための結算勘定として機能していたに過ぎない。両者とも、元帳に設けられていたため今日まで残存しているが、記帳の正否を検証するための試算表とはその役割を異にしている。

試算表で記帳の信頼性を担保

複式簿記にとって、記帳の正否の検証は、極めて重要である。そのため、簿記書では試算表の作成方法が詳しく論じられている。パチョーリの『スンマ』（1494）の第14章「仕訳帳から元帳への移記方法」では、「元帳の借方金額と貸方金額とは同額でなければならない。換言すれば、元帳の借方項目がたとえ、一万あろうとも、これ等の項目を別の一紙面に合計し、同様にすべての貸方項目を合計するときは、借方金額の合計と、貸方の金額の合計とは等しくなければならない。若しも等しくないときは、それは、元帳に何等かの間違いのあることを示すものである[18]」と記している（傍点引用者）。

第34章「旧元帳勘定の締切。借方及び貸方の総計」では、「帳簿の残高の正確であることを明らかにするために、……先ず十字架元帳にある各借方項目の合計を一枚の紙片の左側に記載し、各貸方項目の合計をその右側に記載し、次いで、借方の各合計をさらに綜合して借方項目の締高すなわち総計を算出する。同様に貸方の各合計を綜合して貸方項目の締高すなわち総計を算出する。そして前者を借方総計と呼び、後者を貸方総計と称する。……この二つの総計が互いに等しい時は、……先きに第14章で述べたような理由によって、正確に記帳されかつ締切られたものと結論される[19]」と述べている（傍点引用者）。両章の説明から明らかなように、試算表は、帳簿とは別の紙葉に作成される。

第36章では、旧帳から新帳への繰越に際して、旧元帳に試算表を作成して記帳や転記の正否の検証を行い、誤りがなければ新元帳に繰り越すように指示している[20]。

複式簿記が公正証書と同等の信頼性を勝ち得たのは、細大漏らさぬ日々の取引の正確な記録にある。複記の特質を生かして記帳の正否の検証、すなわち複式簿記の信頼性を検証したのが試算表である。より正確で信頼できる損益計算への要求がビランチオによるストック計算から損益勘定によるフロー計算に移っていく。この変容を生み出したのが商人意識の根柢にある正確な記録への経営者としての責任感、不正があってはならないとする人としての倫理観・道徳観である。ただ、純粋な計算技法の問題と心に根差す倫理の問題を同一座標で論じるのは難しい。如何なる手法を使っても手に入れたいと思う商人の飽くなき利益追求心と人として道を踏み外してはならないとする倫理観・道徳観とのせめぎ合いは、永遠のテーマなのかも知れない。

5　年次決算の確立と精算表の萌芽

ステフィンの説く精算表の萌芽

複式簿記の完成には、貸借一致が前提であり、貸借平均の理は、試算表によって一定の限界を持ちながらも、複式簿記の信頼性を担保することになる。しかし、パチョーリの後継者を自認するドメニコ・マンツォーニは、自著『複式簿記』（1534）において、『スンマ』で説明されている合計試算表を誤って解釈し、誤った事例を提示した。彼が提示する試算表では本来の役割を果たすことができず、その後一世紀の長きにわたり簿記書の中から姿を消すことになる。[21] リチャード・ダフォーンの『商人の鏡』(1635)で試算表が再登場するが、一般的には18世紀以降のことになる。

17世紀を迎えると、ステフィンが決算に先立ち、誤りなく帳簿を締め切り利益の概算額を知るため、ストックの側面から「状態表すなわち資本」とその証明表としてフローの側面から「損益表」の二つの計算書を提示している。[22] 目的は、誤記の修正による元帳の汚損防止と、元帳締切(決算)前に利益の概算額を知るためである。この二つの計算書を、形態は異なるが、機能的に精算表の萌芽と位置づけることができる。しかし、この段階ではまだ決算整理事項欄はなく、決算前に経営者の修正意図が入り込む余地はない。

ステフィンの説く精算表は、18世紀イギリスで出版された簿記書に継承される。具体的な例示はないが、アレグザンダー・マギーの『簿記の原理』(1718)、アレグザンダー・マルコムの『簿記または商人の勘定についての論述』(1731)、ジョン・メイアーの『組織的簿記』(1736)等に同様の説明が見られる。例示も掲載したのがロバート・ハミルトンの『商業入門』(1777)である。そこではステフィン同様、試算表の説明はない。[23]

試算表(記帳検証機能)から精算表(利益管理機能)へ

試算表と今日の多桁式精算表の違いは、前者が記録の検証機能を第一としているのに対して、後者は、決算整理後に利益修正を行い、検証機能に加えて利益管理機能を含ませている点にある。検証機能は、純粋に事実との突合せであるが、管理機能には作成者の特定の意図が入り込む。こうした修正によって、利益に期待や予測が混入され、事実を正確に表示するこれまでの会計行為から逸脱していく。取引事実を正確に再現するのではなく、経営者にとって都合の良い利益に修正しようという意思が働くことになる。こうした意図的な修正を避けるには、単に罰則規定を強化するだけではなく、経営者や会計担当者の倫理観が何にもまして重要になる。

文書証拠として誕生した複式簿記は、精算表の出現によって正確な損益計算だけではなく獲得した利益を決算前に概算し、必要に応じて修正するという利益管理、いわば利益操作のお膳立てが整えられてくる。そうした背景で、時代は、容赦なく産業革命へと突入し、事実としての情報開示に止まらず資金調達に都合の良い情報開示へとすり替わっていく。企業はこぞって財務諸表を作成・開示し、資本提供者に投資の安全性と有利性を強調することになる。そこで開示される利益は、取引結果としての事実そのものを表す数値ではなく、投資を誘引させるための期待値が含まれてくる。会計情報の質的転換である。

6　投資誘引のための財務諸表の誕生

貸借対照表の萌芽的形態の登場

複式簿記の生成当初の企業形態は、個人ないしは数人による組合によって形成されていた。そのため、企業損益の明細を帳簿とは別の紙葉に作成して報告する現実的必要性はなかった。組合員は、いつでも帳簿を閲覧することができるからである。しかし、19世紀を迎えると、産業革命の進行に伴い巨大な株式会社が次々と設立され、多くの資本をより多くの人から調達する必要に迫られる。資金調達のため、投資の安全性と有利性を如何に分かりやすく周知させるかが課題になる。その方策として、企業の財政状態や経営成績の概略を帳簿とは別の紙葉で開示する方法が考え出された。それが財務諸表である。

貸借対照表の開示は、会社法という強制力を持った規定によって制定されるが、実務上ではそれ以前から、経営成績や財政状態を開示するために経営責任者のサイン入りの試算表や残高勘定が開示されていた。具体的な事例は、いずれにも元の帳簿と相違がないことを証明する経営責任者や記帳担当者のサインが入った，ベアリング・ブラザーズ商会の試算表（1781/12/31）やグラスゴーのフィンレイ商会の残高帳（数年間の残高勘定だけを集めた一覧表：1791/2/2），あるいはバーミンガム運河会社の残高勘定（1802/9）などを挙げることができる。[24] ただし，この段階では，利益管理ないしは利益操作は見られず，あくまでも現実に生じた取引の実情を利害関係者にありのままに開示することが主目的であった。経営責任者のサインの記入は，開示する報告書の信頼性の担保であり，そこには，最終成果に対して経営側の恣意的な操作が入っていないことへの意志表示であった。開示される財務諸表に利益管理思考が混入されるのは，投資の獲得競争が激しくなる19世紀前半以降のことである。

貸借対照表の萌芽は，１６７０年前後に作成されたイギリス東インド会社の半公表貸借対照表や１６９６年に下院へ提出するために作成されたイングランド銀行の貸借対照表に求めることができる。[25] 発生当初の貸借対照表は，同じく貸借対照表と呼ばれた財務表ではあったが，ごく限られた人に開示するために作成されたもので，19世紀に登場する投資誘引のために不特定多数の無機能資本家に提供する貸借対照表とは，その役割に質的な違いがあった。前者の主目的は，特定の対象者に1年間の企業成果を報告することであるが，後者の目的は，投資の安全性と有利性を一般の将来株主に開示し，投資を誘引することにあった。

投資誘引のための様々な工夫と損益計算書

そのため、様々な工夫をこらして利益管理を行い、投資を引き出すのに有利な情報、すなわち財政基盤が強固で安定し、収益性も高く、多くの利益が期待できることを開示しようとした。利益管理思考が働くのは、ごく自然のなり行きである。その結果、財務諸表は、事実の情報開示から投資にとって有用な情報開示へと姿を変えていく。その時われわれは、この会計手続きの変容をどのように捉え、情報提供者の意図と倫理観との関係をどのように位置づけるかが問われることになる。

損益計算書の生成についても少し述べておく。19世紀を迎えると、鉄道業や運河業を中心に、会社法（1844）による貸借対照表作成の義務づけに先立ち、収益勘定表（実質的には損益計算書）が作成される。最も初期の会計報告といわれるリバプール・マンチェスター鉄道会社の半期（1831/1/1-1831/6/30）の報告書の中に収益勘定表《レベニュー・アカウント》が作成されている。しかし、「ここで表示された会計報告書は、本質的に収支計算書であり、期中における現金収支の内訳一覧表である。厳密な意味での現代の期間損益計算であったかどうかは極めて疑わしい[26]」ともいわれている。遅れること7年、1838年下半期のロンドン・バーミンガム鉄道会社の収益勘定表は、修繕費や給料などの一般管理費に加えて減価償却費も計上され、リバプール・マンチェスター鉄道会社の単なる現金収支計算書とは異なり、実質的には損益計算書であったと見なすことができる。[27]

法規程上では、1844年の会社法によって、貸借対照表の作成が1929年法による損益計算書の開示に先行したが、実務上では、むしろ損益計算書が先行している。原因の一つは、鉄道会社が持つ公共性に依拠していたからと思われる。なぜなら、当時の鉄道会社は、鉄道法によって投下資本の10％以上の配当を2年以上継続した場合は、運賃を引下げることが義務づけられていたからだといわれている。[28]今一つは、株主の主たる関心が、銀行金利との比較で、どの程度の配当を手にできるかにもあったからである。ただこの配当規定は、実質的には効果がなかったといわれている。なぜなら、当時の市場金利は、4％程度で、1842年から1873年の32年間の平均配当率は5・1％に過ぎず、1番低い時で1850年の2・2％、高い時でも1945年の8・55％で、現実に10％を超える配当がなされたことは一度もなかったといわれているからである。[29]いずれにせよ、こうした規制にもとづく経営者の決断は、自らが抱く経営者としての道義や理念、倫理観や道徳観によるものではなく、あくまでも法律による強制的な規定で、是非もない選択であった。

1844年の会社法によって公示主義が掲げられ、初めて貸借対照表の作成が法律で義務づけられる。これにより会社法は、特許主義から準則主義に移行し、貸借対照表は、第43条で株主総会終了後14日以内にその作成が義務づけられる。損益計算書の制定は、1929年法まで待たなければならないが、1856年改正法第70条で少なくとも年1回、株主総会前3カ月以内に過年度の損益計算書を株主総会に提出しなければならないとしている。[30] こうした公示主義の浸透が以後の経営者の信頼性や倫理観に強い影響を与えることになる。

7　おわりに

複式簿記の原点は信頼性

13世紀初頭に発生した複式簿記は、取引に伴うトラブルを回避するため、神の助けを借りながら、公正証書に代わる文書証拠としての役割を果たしていく。歴史的事実は、信頼性こそが複式簿記、ひいては会計学の原点であることを明示している。それは同時に、トートロジーになるかも知れないが、簿記を複式簿記として誕生させたのが信頼性にあることを物語っている。

複式簿記は、取引の当事者一方からだけの記録ではなく、相手側の内容も記録する。取引を二面的に捉えることによって、記帳の信憑性がより高められるのはいうまでもない。公正証書の代わりを果たす信頼できる取引記録には、一面的な記録である単式記帳《シングル・エントリー》（いわゆる単式簿記）ではなく取引を二面的に捉える複式簿記《ダブル・エントリー》がより適合している。これが信頼性を第一とする取引記録、すなわち簿記を複式簿記として誕生させた必然的な帰結なのである。

複式簿記を誕生させた信頼性は、公正証書の代役を務めるほどの記録の正確性によって支えられている。そして、この正確性は、現実に発生した取引事実に一切の恣意的な修正を加えないことによって担保される。18世紀イギリスの産業革命期には、重商主義が最後の船出を迎えて近代的な株式会社を林立させ、こぞって資金調達に全力を傾ける。資金調達を容易にするために投資の安全性と有利性が強調され、現実の成果ではなく経営者の意図や期待値が組み込まれた予測情報が開示される。有用性とか目的適合性という名の下で、会計情報の信頼性が大きく後退していくことになる。

会計の信頼性を担保するのは倫理と道徳

利益獲得への飽くなき執着、貧困故に踏み外してしまう不法行為。また、「欲望という名の電車」に乗ってつい犯してしまう反社会的な行為に歯止めをかけるため、会社法や金融商品取引法といった法律、指針としての会計原則や会計基準が設定される。法律や基準に反していないかをチェックするのが第4章で触れる企業統治であり会計監査である。しかし、不正な会計行為を抑止するには、上からの強制力を持つ規制以外に、道は残されていないのであろうか。もしそうであるなら、会計人としての無力感をこれほど感じることはない。真っ先に成就させなければならないのは、企業経営に携わる者としての倫理観・道徳観である。

この倫理観・道徳観を育てるのが教育である。会計教育は、簿記の記帳手続や制度、あるいは国際会計基準といった単なる手続論や制度論を学習させることではない。各分野の歴史・理論分析を踏まえ、人としての、企業人・会計人としてのあり方を自覚させることである。教育は、一つ間違うと取り返しがつかなくなる。幼児期に特定の教えが刷り込まれると、それだけが正しいと思い込み、他の考えを一切排斥し、多様性が損なわれてしまう。こうした状況に陥ることだけは、何としても避けなければならない。

人が生きていく上で欠かすことのできない経済活動、そこに内在する絶対矛盾を如何にすれば揚棄できるのか。今まさに、会計学のあり方、真価と存在意義が問われている。今一度、簿記が複式簿記として誕生した必然性、すなわち信頼性が会計の原点であるという歴史的事実に立ち返ることが望まれる。

1　この間の事情に関しては、渡邉［2016］4－11頁。

2　わが国では、18世紀イギリスのダニエル・デフォーによって提唱され、チャールズ・ハットンによって整備された小規模の小売商のための複式簿記の簡便法が明治期に紹介され、シングル・エントリーという名称から単式簿記と名づけられた。しかし、これは決して簿記ではなく単なる記帳メモであり、不完全な複式簿記の簡便法に過ぎないのである（渡邉［2016］第5章）。
3　この点については、渡邉［2016］第1章。
4　Littleton [1933] p.153. 片野訳［1995］243–244頁。
5　渡邉［1983］54–61頁。
6　小野［1988］329頁。
7　上村［2018］71–72頁、岩井［1985］18頁。
8　大黒［2006］43–44頁。
9　大黒［2006］163頁。
10　大黒［2006］40頁。
11　上村［2018］82頁。
12　大黒［2006］197–199頁、204–212頁。
13　ヴァグナー編集、伊藤訳［2021］86–87頁。
14　大黒［2006］198頁、218頁。
15　大黒［2006］198頁。
16　コルビッチ商会の会計帳簿については渡邉［2019a］38–47頁を、ダティーニ商会の帳簿については渡邉［1983］30–36頁を参照。
17　渡邉［1993］30–31頁。

18 片岡［1974］93頁。
19 片岡［1974］248－249頁。
20 片岡［1974］269頁。
21 渡邉［1993］36－39頁。
22 渡邉［1993］第3章参照。ステフィンの残高表は、イギリス式貸借対照表と同様、借方に負債と資本、貸方に資産が記帳されている。
23 渡邉［1983］第Ⅰ部第6章、渡邉［1993］52頁。
24 渡邉［1993］80－86頁。
25 Hunter [1912] pp.276-277. 高寺［1971］431頁、436－438頁。
26 中村［1991］59頁。
27 渡邉［2019a］109－111頁。
28 中村［1991］56頁。
29 Broadbridge [1970] p.62. 渡邉［2005］150頁。
30 Edwards [1980] p.21. 星川［1960］263－264頁、山浦［1993］27頁。

第2章 環境破壊と資本主義下の会計学

「われわれは、誤った経済学がゆがんだ社会の論理を駆り立て、またそうした論理に駆り立てられるのを見てきた。しかし、別の経済学が実現可能であることもわかった。もっとすぐれた公平な社会の論理は、われわれの手の届くところにある。」

ジャクソン『成長なき繁栄』

1　はじめに

国際会計基準へのエンドースメント（承認）の問題点

われわれの日常生活が日々の経済活動と切っても切れない関係にあることは、今般の新型コロナ（Covid-19：Coronavirus disease 2019）やその変異種の爆発的な感染拡大によっていやというほど思い知らされた。この経済活動の実質的な根幹の利潤計算を担っているのが会計学である。会計行為は、経済活動の中枢をなすものであり、会計学は、経済学の単なる従属変数ではないことが分かる。会計行為は、まさにわれわれの経済活動そのものであり、その中心に位置している研究対象といえる。

会計学の第一義的な役割は、利害関係者への情報提供機能にある。具体的には、株主に投資意思決定に有用な情報を提供することといわれている。有用な情報の中心は、いうまでもなく企業損益である。企業が1年ないしは半年間でどれだけの利益をどのようにして獲得したのかを明らかにする技法《アート》が会計であり、複式簿記なのである。ただ問題は、国際会計基準では、そのゴールである損益の中心が実現損益としての当期純利益から未実現利益も含む公正価値へと変容してしまったことにある。悲しいかな、このゴールの変動を厳密に検討することもなく、いわば盲目的に国際会計基準（IFRS）にエンドースメントの方向で動いているのが現状である。将来キャッシュフローの割引現在価値といった予測の入った測定基準が、果たして信頼性を第一とする会計学の測定基準として用いられてよいのであろうか。

経済学の分野では、一方では、今日の経済的格差の拡大による貧困や差別、それにもとづく犯罪や紛争が世界中で多発し、これまでの新自由主義的な経済政策のあり方に大きな疑問が投げかけられている。また他方では、経済成長一辺倒の考えが温暖化を加速させ、環境破壊を深刻な状況に追い込んでいる。こうした状況下で、持続可能な開発目標（SDGs）を掲げ、脱炭素社会と経済成長の共存を掲げた相対的ないしは絶対的デカップリングを目標にしたグリーン革命や成長なき繁栄を目指し、環境と経済の共存を目指す気候ケインズ主義といった考え方が登場してくる。会計学の分野では、何がなされてきたのであろうか。

デカップリングとスループット

相対的デカップリングは、経済生産における単位当たりの生態系負荷を減少させることをいうため、資源への影響は、GDPの成長と比較して相対的に小さくなる。それに対して、絶対的デカップリングは、GDPに与える影響を絶対的に減少させることを指している。[1] しかし、経済成長と環境に与える負荷とのジレンマは、デカップリングによって解決するという過去の実績による裏づけが何もなされていない。確かに経済成長は、われわれの生活を豊かにしてくれているかも知れない。しかし、GDPの拡大には、スループット（有用な物質やエネルギーが生産や消費活動を経て廃棄物として環境に吸収される代謝的な流れ）の拡大も避けて通ることはできない。このスループットをデカップリングによって削減するのが重要であるが、この有効性が必ずしも裏づけられていない状況下では、どの程度の削減がデカップリングによって可能になるかを明らかにすることが待たれる。[2] それでは、何の解決にもならないとして、ごく近年では経済成長や極大利潤の追求という資本主義の本質そのものに切り込んだ、すなわち脱資本主義を念頭に置いた新マルクス主義といった考え方も登場してくる。[3]

しかし、会計学の分野では、現状が抱える矛盾に疑問を呈する研究は、いまだにほとんど見られないといっても過言ではない。そのため、本章では、わが国の現代会計学の国際会計基準に棹差すだけの現状に、その誕生の歴史に立ち帰って、問題提起を行うことにする。

2　歴史が教える会計の役割

公正証書に代わって複式簿記が誕生

会計学の損益計算構造を支える複式簿記は、13世紀初頭、債権債務の備忘録としてイタリアの北方諸都市で誕生したのは、周知の通りである。ルネサンス前夜、イタリアがまだヴェネツィア共和国、フィレンツェ共和国、ジェノヴァ共和国、ミラノ公国やナポリ王国といった多くの都市国家に分かれていた頃のことである。イスラム教徒によって奪われた聖地エルサレムを奪回するために結成された、都合180年にも及ぶ十字軍の遠征（1095-1270）によって、多くの人・物・金・情報がイタリアの北方諸都市に集積される。こうした状況下で、物の売買や金銭の貸借に伴って商業が活性化し、商業資本が13世紀の初めのイタリア北方の諸都市国家で形成されていく。商業資本の発生と共に誕生したのである。まさしく、会計は、資本主義の落し子である。

複式簿記による最古の勘定記録（1211）は、すでに800年以上も前から存在している。しかしながら、複式簿記の誕生当初の役割は、今日のように企業の総括利益を計算するためではなく、取引に伴って生じるトラブルを避けるための文書証拠にあった。金銭の貸借にトラブルが付きまとうのは、今も昔も同じである。「貸したお金を返して欲しい」、「もう返したではないか」、「いやまだもらっていない」。こういった諍《いさか》いは、取引があるところには必ずといっていいほど付きまとう。金銭のトラブルは、シェイクスピアの戯曲『ヴェニスの商人』(1594)でも描かれているところである。係争を回避するために、当時の商人たちは、金銭の貸借が生じる時、公証人を交えて公正証書を取り交わした。こうしておけば、もし裁判になった時でも、それが証拠書類として生きてくるからである。

しかし、日々の膨大な取引すべてに、公証人役場に出向いて公正証書を作成するには、余りにも膨大な手間と時間、それに多額のコストがかかり過ぎる。こうした手間とコストを避け、帳簿に公正証書と同様の信頼性を与える手法として辿り着いた答えが、キリストの助けを借りることであった。

複式簿記の第一義機能が文書証拠から損益計算へ

帳簿に十字架を記し、そのすぐ後に「神の名において、アーメン」(In Nome di Dio, Amen)と書き込み、帳簿に記されている内容に嘘・偽りがないことを神に誓ったのである。もしこの誓いを破れば死後に地獄に落ちることになる。商人たちは、何よりもこのことを恐れた。お金を貸して金利を取ることは、神の教えに反することになる。金融業で莫大な利益を得た商人たちは、現世だけではなく死後も安楽な生活を望み、贖罪のために多くの寄付を教会にしたり、免罪符を購入したりしたのである。腐敗是正のため、16世紀にマルティン・ルター（1483-1546）によって宗教改革がなされたのは、周知の通りである。

虚偽や不正をなくすためには、取引記録の正確性、真実性が何よりも求められる。帳簿の信頼性である。当時の商人たちが帳簿の冒頭に神への誓いを記したのは、まぎれもなく取引記録の信頼性こそが会計ないしは複式簿記の根本理念であるということをわれわれに伝えてくれている。すなわち、会計学の損益計算構造を支える複式簿記は、取引相手の信頼性を確保するために考え出された文書証拠記録として誕生したのである。もちろん、生成当初の第一義的な機能は、文書証拠であったが、そこには当初から損益計算機能が内蔵されていた。ただ、複式簿記の誕生当初は、度量衡の複雑さや計算能力の拙劣さのために、帳簿記録にもとづく損益計算ができなかっただけのことである。複式簿記で損益計算機能が可能になるのには、その発生当初から百数十年もの時を要することになる。

この文書証拠あるいは備忘録として誕生した複式簿記は、組合員相互間での利益分配の必要性から、損益計算機能を第一義的機能として表舞台に押し上げることになる。こうした実務は、誕生から百数十年経った14世紀前半のフィレンツェの商人コルビッチ商会の帳簿（1333-1338）やダティーニ商会バルセロナ支店の帳簿（1366-1411）に見出せるところである。[4] 取引記録の信頼性を担保するために誕生した複式簿記であったが、組合員相互間での利益分配に際して、ビランチオで求めた利益の信頼性を確保するために、百数十年の時を要して、損益計算を第一義的機能に押し上げていったといえよう。こうして、複式簿記は、単なる債権債務の備忘録ではなく企業の総括損益を計算する技法として、その科学的地位を確立する。14世紀前半のことである。

近代化の波に流され変容する会計

先にも触れたように、文書証拠として発生した複式簿記ではあったが、発生当初からその記録計算構造の中に、損益計算機能を内在させていたのは、明らかである。ただ、当時の度重なる貨幣の改鋳による複雑な度量衡の計算や他の貨幣への換算、その計算を行う肝心の教育制度の不備等が災いして、現実に帳簿記録から正確な損益を計算することは、困難を極めたようである。厳密な取引記録と損益計算が結びついていなかったのである。これが発生から完成まで百数十年の時を要した原因である。それでも、経済学の確立として位置づけられるアダム・スミス（1723-1790）の『国富論』（1776）が出版されるよりも遥か400年以上も前のことである。

こうして、かのドイツの詩人ゲーテ（1749-1832）をして「人間の精神が発明した最も素晴らしいものの一つである」といわしめた複式簿記は、世界の覇権の推移に伴い、イタリアからフランドル・オランダへと継承され、やがて産業資本の勃興に伴ってイギリスで会計学へと進化し、アメリカに受け継がれていく。そして、明治維新を迎えると、アメリカやイギリスで出版された簿記や会計に関する書物が数多く翻訳され、わが国固有の簿記である帳合法に代わり、近代化という名のもとで、実務と教育の両面から、挿げ替えられていくことになる。

近代化という御旗のもとで、会計学もまた欧米のシステムに転換させられていくが、その根柢には一貫して信頼性という3文字がしっかりと横たわっていた。しかし、ありとあらゆる分野で、国際化の波が押し寄せ、会計学の分野でも伝統的な信頼性に代わってアングロサクソン系の考え方である有用性が前面に担ぎ出されてくる。わが国においても国際化の影響を強く受け、国際基準がうたう意思決定有用性アプローチの大きなうねりに飲み込まれ、国際化という流れに単に棹を差しているだけのように思えてならない。

しかし、歴史を振り返ると、会計を誕生させた本来の役割は、今日の行き過ぎた金融資本主義ないしは市場原理主義を支える有用性ではなく、信頼性にあったことがはっきりと見えてくる。今日の会計が突き進んでいる方向は、本来会計が目指すべきところとはどこか違った方向を目指しているのではないかという疑念というか不安にしばしば襲われる。

3　会計学の新たな地平

利潤追求一辺倒からの見直しとＳＤＧｓ

経済学は、スミスによって完成したといわれるが、その研究対象である経済活動は、人類の誕生と共に発生している。それと同様、会計学は、19世紀の同じくイギリスで誕生するが、物の交換やお金の増減を記録するといった会計行為は、経済行為と共に遥か昔から存在していた。しかし近年、人間の際限のない利益追求欲が深刻な環境破壊を引き起こし、単に経済活動やわれわれの生活だけではなく地球そのものを危機に追い込んでいる。こうした状況に対して、会計学はどのように対応していくのか、極めて重要な課題である。昨今の国際化の流れに単に棹差すだけではなく、会計学の計算構造を支える複式簿記誕生の原点に立ち帰り、会計学が果たすべき役割について真正面から取り組む時が差し迫っている。

デカップリング（経済成長と環境負荷を切り離して、技術革新によって両者の両立を図る）など所詮幻想に過ぎないとの主張もあるが、利潤の極大化を目指す単なる成長ではなく、適正な分配を前提に、安定した経済活動と環境への負荷の軽減を同時に考え、持続可能な社会を目指す可能性についても視野に入れ、今日の金融資本主義、市場原理主義の不合理性を追究し、社会の健全なあり方について検討することが極めて重要かつ喫緊の課題である。

しかし、他方では、ＳＤＧsの持続可能な社会を目指すＳ（Sustainable）は良しとしても、開発目標、換言すれば経済発展を目指すＤＧs（Development Goals）に問題提起する脱資本主義を掲げる新マルクス主義といわれる立場も登場してきている。こうした新たに登場する様々な経済思想を背景に、経済行為の実質的な側面を担う会計行為もまた如何にあるべきかを、絶えず問い続けていかなければならない。

昨今の行き過ぎた成長戦略に伴う環境破壊、二酸化炭素の排出による温暖化現象がもたらす集中豪雨や竜巻の発生、巨大化する台風やハリケーンによる甚大な被害、自然の生態系の破壊等、単に経済学の範囲を超えて地球規模で極めて深刻な影響を生み出している。また、それに伴い、経済発展という名の下で、際限のない利潤追求が経済的格差を拡大させ、差別や犯罪や時として国家や民族間の紛争を引き起こしている。こうした状況に、経済学の分野では、20世紀後半に登場する市場原理主義を根柢に置く新自由主義的な考え方を否定し、脱炭素社会を目指すグリーン革命や自然環境を重視した考え方によって、成長や利潤追求一辺倒の資本主義のあり方を見直す考えが登場してくる[5]。

貧富の差の拡大と経世済民

こうした状況を踏まえ、会計学の分野でも、まだごく一部ではあるが、国際会計基準にもとづく利潤の極大化を追求する考え方に修正を唱える方向も登場してきている。[6] しかしわが国では、利益の極大化志向の矛盾を指摘する主張は、環境会計を専攻するごく一部の研究者に限られ、ほとんどの人は、国際会計基準を是として、その解説と導入に追われているのが実情である。

２０１９年12月に発出した新型コロナは、瞬く間に世界中に拡散し、次々に生まれ変わる感染力の強い新たな変異株によって医療崩壊だけではなく経済的にも深刻なダメージを与えた。われわれの日常生活を崩壊させたばかりではなく、死の恐怖にも直面させてきたのである。当時よく新聞やテレビで目にし、耳にしたのが、コロナを終息させる一番の処方箋が人と人との交わりを断つことだった。しかし、それでは、社会が壊れてしまう。人は、決して一人では生きていけない。人と人との交わり、経済活動がどれだけ深くわれわれの生活と関わっているか、どれだけ大切であるかを思い知らされたコロナ禍であった。

ただ、今回のコロナの流行で明らかになったもう一つのことは、最大のダメージを受けたのが、アルバイトや派遣、非正規社員といった経済的弱者にあった点である。20世紀後半から21世紀にかけて世界を席巻した金融資本主義は、富の一極集中を生み出し、富める者をますます豊かに、貧しき者をますます困窮に追い込む構図を生み出した。少し古い資料であるが、トマ・ピケティの分析によると、もしここ数十年のアメリカで見られる富の一極集中が続いていくと、資本所得の割合では、トップ10％の富裕層がすべての富の72％を有し、最下層50％は、全体のわずか２％しか所有できなくなるという衝撃的な問いかけをなした。[7] より現実的には、世界で最も裕福な資本家26人の資本が世界人口の半分を占める貧困な人38億人の総資産に等しいといわれている。[8] 生活実感としての実質的な格差は、さらに大きいものと思われる。

こうした富の偏在が多くの貧困や差別を生み出し、窃盗や殺人といった犯罪、ひいては地域間の紛争や戦争の原因にもなる。それだけではなく、これまではごく普通に生活していた人たちが、不況にもとづく売上の激減を理由に、非正規や派遣というだけで解雇され、蓄えもないままにたちまち路頭に迷う状況に陥ってしまう。こうした不条理が、当然のようにまかり通ってしまっているのが、悲しいかな、現実なのである。

経世済民、「国を治め、民を救う」はずの経済学が金融資本主義、市場原理主義によって、今まさにその本来の役割を失おうとしている。経済学の根本を支えているのが会計学である。誤解を恐れずにいえば、貧困や格差や差別などといった矛盾の元凶になっているのが利益至上主義であり、有用性や目的適合性という用語で装備された現行の様々な会計制度や会計基準、あるいは会計や金融に関わる法律にあるといえば、いい過ぎであろうか。

4　国際化に惑わされる会計学

取引記録の信頼性が会計の原点

国際化という名の下に、わが国の会計基準は、有用性や目的適合性を基軸にする国際会計基準を受け入れ、それと同化する方向で進んできた。国際基準の目指すところは、金融資本主義のもとで、特定の大株主や機関投資家としてのヘッジ・ファンドの要求に応えるため、有用な情報を提供することにある。もちろん、有用な情報を提供すること自体に問題があるわけではない。問題は、誰にとって有用な情報なのかにある。特定の極めて限られた大株主にとってのみ有用な情報であるなら、それが問題なのである。その人たちが要求する、その人たちだけに有用な情報であるなら、そんな情報を提供することは、会計が本来果たすべき役割ではない。

彼らの関心は、事実にもとづく客観的で正確な信頼できる情報よりも、将来どれだけのキャッシュ・イン・フローをもたらすことができるかという未来情報にある。より具体的には、そうした絵に描いた餅の未来情報が市場に流され、それによって株価が大きく変動することにある。彼らの関心は、必ずしも事実にもとづく信頼性にあるのではなく、複雑な計算式によって武装された数字によって市場をかき混ぜ、株価を変動させて、瞬時に多くの利益を獲得することにある。信頼性とは無縁の期待と予測にもとづく不確定な情報を市場に提供し、株価が大きく変動することに関心があるだけである。

しかし、思い出して欲しい、フィレンツェやヴェネツィアの美しい風景と共に。複式簿記が誕生した時の当初の役割を。会計の損益計算構造を支える複式簿記は、金銭の貸借に伴うトラブルが生じた時の文書証拠、債権債務の備忘録として発生したのであった。公正証書の代わりとして記帳され、裁判になった時の証拠書類として用いられたのである。まさしく、取引記録の正確性と信頼性を担保にして誕生したのが、会計であった。この取引記録に対する信頼性こそが会計の原点であることは、会計の歴史を繙く時、明々白々になったといえる。会計学の原点は、有用性ではなく信頼性なのである。

貧富の差の拡大と会計学が果たせる役割

それにもかかわらず、今日でもしばしば社会を震撼させるほどの会計不正が新聞やテレビで報じられている。会計だけではなく、最も襟を正さなければならない政治の世界でも、悲しいかな、日常的に信頼を揺るがす不正行為や権力者への忖度が報道されている。こうした行為を防ぐためには、何よりも先ず経営トップや治世者の倫理観が問われなければならない。しかしながら、この倫理観をすべての人に望むことは、至難のことかも知れない。なぜなら、民主主義社会では、たとえどんなに不合理と思える行為であっても、法律に違反しない限り、個人の私権が尊重されるからである。コロナ禍での自粛要請にもかかわらず、旅行やライブやスポーツの観戦、夜遅くまでの飲食や道路や公園での立ち飲み等々が一向に収まる気配はなかった。

自由で民主的な国家である限り、法律による強制的な規制は、最小限に抑えられるのが好ましい。しかし、個人の倫理観にのみ依存するのにも、限界がある。そこで仕方なく、できる限り最小限の範囲で、社会のルールを決める必要が生じてくる。それが法律であり、様々な制度や基準であり、原理原則である。それぞれの分野における約束事なのである。ところが、この基準や原則が限られたある特定の権力者や富裕層にとってのみ有用になりかつ便益を与え、多くの一般の経済的弱者にとっては時として有害になるようなものであれば、そうした原則や基準は、直ちに廃棄され、新たな基準設定を試みなければならない。現行の有用性を前面に押し出す公正価値測定にもとづく国際会計基準は、まさしくこうした一部の人にとってのみ有用な基準になり、経済的格差を助長させる要因になっている。

会計学の役割は、情報提供機能である。とりわけ、現代会計学は、投資家の意思決定に有用な情報を提供することを第一目的としている。本来、有用な情報とは、信頼できる情報であるからこそなのであるが、時として、信頼性よりも利用者にとって都合の良い便益性が有用になる。しかも、その有用な情報は、金融資本主義、行き過ぎた市場原理主義のもとで、企業の健全な成長を願い、ささやかな配当と株主優待を期待して投資する多くの一般の株主のためではなく、短期的な投機利潤を目的としたヘッジ・ファンドに代表されるごく一部の大株主のためのものになり下がってしまっている。

環境問題と会計学の関り

そこで求められる情報は、過去一年間や半年でどれだけの利益を獲得したかではなく、近未来の企業価値がどう変わるか、したがって株価がどのように変動するかにある。その結果、企業が提供する情報は、事実にもとづく客観的で信頼できる内容ではなく、予測と期待に満ちた瞬間の株価の変動にもとづく不確定な企業価値の未来情報へと変容していくことになる。いわば、カジノの世界である。待ち受けていたのは、大資本を有する投機家や大株主が莫大な利益を手にし、貧富の差がますます拡大し、貧困から生じる犯罪や差別や紛争が日常茶飯事のように世界のどこかで生じている痛ましい現実である。

もし、こうした原因の一つに、たとえ間接的であるにせよ、会計学が関与しているのであれば、何としても改善させなければならない。そうした状況を生じさせる制度や基準を根本から作り変える必要がある。会計に携わる者の責任は大きいといわざるを得ない。

近年よくサステナビリティとかカーボンニュートラル（温室効果ガスの排出量と吸収量の均衡）という言葉を耳にするようになってきた。サステナビリティというのは、持続可能な社会を目指して、地球温暖化による様々な矛盾が噴出している状況下で、環境と社会と経済のバランスをどのように保っていくのか、人間社会と自然環境をどのように調和させていくのかといった地球全体のあり方について考えていくことである。いわば、今日の行き過ぎた金融資本主義や新自由主義（市場原理主義）といわれる経済システムの制度矛盾を転換させる大きな力にしていこうとする考え方である。今日の利益至上主義を見直すための一つのキーワードとして、付加価値（総生産額から原材料費や燃料費や減価償却費を差し引いた額）という利益観も再び取り上げられてきた。この問題は、すでに半世紀以上も前から検討されている。しかし、行きつく先は、分配の問題である。獲得した利益を誰にどれだけ分けるのか、いわば利益の取り合いが待っている。これを解決しない限り、絵に描いた餅で終わりかねない。

またＥＳＧという言葉も耳にするが、これは、環境（Environment）、社会（Social）、ガバナンス（Governance）の頭文字を取ったもので、この三つの要素が企業や社会の持続的な成長にとって重要であると位置づけている。地球温暖化や経済的格差の増大、あるいは企業の不祥事の増加による社会的な影響も勘案して、社会の健全な発展に関与していこうとする考え方である。単に会計や経営だけではなく、地球的規模に立って企業の社会的責任を捉えていこうというのがこうした新しい動向である。いうまでもなく、各自の倫理観が問われることになる。

5　デカップリングと脱資本主義

新マルクス主義の登場と会計学

しかしながら近年、こうした動向に対して、脱資本主義を標榜する新マルクス主義といわれる新たな思考が登場してきたのは、すでに述べた通りである。この立場によると、ＳＤＧｓの考えは、人類が地球の地質や生態系や気候に重大な負の影響を与える地質学上の新たな時代を指す「人新世《ひとしんせい》」（アンソラーパシーン、通称アントロポセン）と呼ばれる時代においては、所詮、自然環境を破壊し、資本主義を温存する大衆のアヘンに過ぎないことになる。今日の拡大再生産を志向する資本主義それ自体が人間社会を壊しているというのである。脱資本主義、脱成長こそがわれわれのそして地球の生き延びる道だという。それが「コモン」という人が生きていく上で欠かすことができない水・エネルギー・住居・医療・教育といったものを公共財として捉え、脱資本主義を目指すのが新マルクス主義の基本的な考え方である。そうした社会において、果たして会計学は、如何なる役割を果たし得るのか。正面からしっかりと向き合っていかなければならない大きな宿題である。

現代は、コロナ禍によって様々な矛盾が鮮明化された。まさにカオスの時代である。古典学派に位置する「見えざる手」のスミスなのか有効需要の創出と所得の再分配を説くケインズか、あるいは新古典学派のハイエクやマネタリズムのフリードマンかそれとも持続可能な社会を目指すグリーン革命や成長なき繁栄か、さらには脱資本主義を掲げる新マルクス主義なのか。経済学のあり方が根本から問われている。経済学の根幹を形成している会計学のあり方もまた同時に、問われているのである。しかし、会計学の分野では、そんなことには頬被りして、ただひたすらに利潤の極大化を目指す国際化の流れに乗っかっているに過ぎないのではなかろうか。それでは、会計学が壊れてしまう。有用どころかむしろ有害にすらなってしまう。今こそこの時点で立ち止まり、再考しなければならない。

経済的格差是正に与える会計情報の役割

こうした状況下で、会計学に求められるのは、正確な意思決定を行うための事実にもとづく客観的で正確な信頼に足る情報を提供することである。包み隠さぬすべての情報の開示が大前提である。都合の良い情報だけを提供し、不都合な情報は隠してしまう。そんな情報は、決して誰からも信頼を勝ち取ることはできない。あくまでも、情報の根幹は、誰によっても検証可能な客観的で事実に裏づけされた信頼性にある。この信頼性を有用性という名のもとで片隅に追いやった情報では、決して真に有用な情報にはなり得ないのである。

会計情報の中心は、損益情報である。一年間であるいは半年間でどれだけの利益を獲得したかの情報である。この情報にもとづいて、利益が出資者をはじめ経営者、労働者、そして企業に関わるすべての人に適正かつ合理的に分配され、社会に還元されていく。利益の適正な分配を考えることは、会計倫理と共に、会計学にとって極めて重要な課題である。そのキーワードとなるのが、商法や会社法、金融商品取引法といった様々な会計に関わる法規制、とりわけ税法である。こうした法律の諸規程が、時として両刃の剣になる危険も有するが、拡大していく貧富の差や自然破壊に歯止めをかける一つの有用な方策になる。

そこで重要になるのが利益の分配である。誰もが納得できる信頼性を担保することが大前提である。ある特定の人だけが突出した便益を受けるような不公正な分配であってはならない。わが国においても一部の業界で見られた、一般の社員の年収が５００万円程度であるのに、トヨタの会長の役員報酬が９億９９００万円、これに株式配当14億円を加えると、年収が24億円にもなるのは、どう考えても不合理を感じる。欧州のグローバル企業の報酬を参考にしたという。しかも、派遣社員や非正規社員では、その格差はさらに大きくなる。

こうした社会矛盾の解消の一助をなすのが会計学の役割である。誕生以来８００年という悠久の時を紡ぐ中で、信頼性という大きな柱を確立させた会計ないしは複式簿記がその本質である信頼性を置き去りにして、有用性や目的適合性を第一義的機能とするのでは、主客転倒も甚だしい。このままでは、会計学の存在意義は、消滅してしまう。会計学が壊れてしまう前に、今一度信頼性・公平性という原点に立ち返ることが何よりも必要である。それを教えてくれるのが歴史なのである。

生産性の向上と地球の温暖化現象

会計学は、経済事象を認識し、測定し、報告するプロセスであり、その中心的な役割は、英語でアカウンティングといわれるように、企業の経済状態を株主に代表される利害関係者に説明する行為、すなわち報告にある。その報告内容の中心が企業の損益の状態である。企業が経済活動においてどれだけの利益を獲得し、その成果をどのように分配したのかについて、事実にもとづく客観的で信頼のできる情報を提供するのが会計行為であり、会計学の役割である。したがって、会計学というフィルターを通して見ると、経済行為や経済システムの現状を把握することができる。

経済学の分野では、今日の行き過ぎた金融資本主義ないしは市場原理主義、株主資本主義といわれる経済体制の下で生じている富の一極集中による経済的格差、貧困による差別や犯罪、あるいは対立や紛争による矛盾が一層拡大し、そうした状況に批判や見直しの主張が数多く登場してきている。経済発展という名の下で、生産性の向上や効率性ばかりを重視する利益至上主義の考えが地球規模での環境破壊を生じさせ、二酸化炭素の排出による温暖化現象によって想像を超える自然災害を多発させている。こうした危機的な状況に、待ったなしの手直しの声が大きくなってきている。

とりわけここ数年前から経済学の分野では、こうした現状に危機感を覚え、行き過ぎた資本主義のあり方に警鐘を鳴らす翻訳書が町の書店で数多く見られるようになった。もちろん、わが国の経済学者による書も然りである。会計学の分野でも、先に述べたように、会計倫理やＳＤＧｓに関する研究が散見されるようになった。

ＳＤＧｓは所詮大衆のアヘンなのか

一方では、サスティナブルな社会を実現することによって資本主義の持続が可能であるとする考え方と、他方では、ＳＤＧｓは所詮大衆のアヘンに過ぎないとする考え方の、相対立する二つの考え方がある。前者は、経済成長と環境に与える負荷とを切り離して、経済が成長しても環境に負荷を与えない、すなわち新技術の開発等によって二酸化炭素の排出量を規制するデカップリングが、資本主義の持続を可能にさせるとする考え方である。それに対して後者は、いくら技術革新が進んだとしても、経済成長すなわち利潤拡大を志向する資本主義経済の下では、絶対的な二酸化炭素の排出量を削減し、温暖化現象をストップさせることはできないという。

最大の問題は、富の偏在を生み出し、貧困や差別の元凶ともいえる、行き過ぎた金融資本主義、市場原理主義を支えている現行の会計制度や会計基準の是正を提案する動きが皆無に近いことである。単に、国際化の流れに乗って、現況の利益至上主義のシステムに乗っかった国際会計基準や公正価値会計の解説書や国際基準へのコンバージェンス（収斂、統合）やエンドースメント（承認）を前提にした解説がなされているに過ぎないように思われる。

今日のグローバリゼーションが進行する過程で、現代会計学は、提供する情報の中身を、信頼できる情報から投資意思決定に有用な情報に変容させてしまった。市場原理主義、株主至上主義のなせる業であろうか。会計が誕生した時の原点を忘れてしまったのである。市場原理主義のもとで、有用であれば何でもいいという発想が、歴史が伝える会計のいの一番「信頼性」を忘れさせてしまったように思えてならない。今一度原点に立ち戻り、会計学の社会に果たす役割を再認識することが何よりも必要と思われる。

6　おわりに

受け取り方によって異なる情報は真に有用といえるのか

13世紀の初めにイタリアで発生した複式簿記は、16世紀から17世紀のフランドルやオランダで近代化へと大きく突き進み、19世紀を迎えたイギリスで科学としての会計学を確立させる。産業革命下のイギリスで新たに設立された近代的な株式会社は、巨額の資金を調達するため、企業の経営成績や財政状態を開示するシステムを作りあげていく。今日の貸借対照表や損益計算書の開示である。こうして、今日の会計学の第一義的な役割として、情報開示機能、とりわけ投資意思決定に有用な情報の開示機能が位置づけられることになる。

しかし、情報の有用性は、それを受け取る人によって大きく異なってくる。ある人にとっては有用な情報が他の人にとってはまったく無用な情報になることもある。無用どころか有害になることさえある。受け取る人によって異なるような有用性ないしは便益性が普遍性や客観性が担保された真に有用な会計情報になるはずがない。また、そのような役割を提供するだけのものであれば、所詮それは、似非科学であり真の科学とはいえなくなる。

真に有用な情報は、事実にもとづく正確で信頼できるものでなければ意味がない。生成以来800年もの歴史を有する会計が変わらず維持しなければならないのは、まさしく信頼性である。信頼性を忘れて会計は成立しないし、また存在意義もなくなる。

社会が真に求めるのは開示情報信頼性アプローチ

しかし、ここに至って大きな問題が生じてきた。これまで見てきたように、会計は、商業資本主義の勃興と共に誕生した。生産性の向上と拡大再生産による利潤追求の計算手段として機能してきた、いわば資本主義の落し子である。しかし、この利潤追求という際限のない欲望が今日の金融資本主義のもとで、極度の経済的格差を生み出し、貧富の差による差別や暴力や犯罪を多発させ、地域や国家間の価格差、あるいは資本の増殖によって生じる負荷を自然界に転嫁し、その結果多くの争いを生み出してきた。

こうした状況を憂い、資本主義そのものが抱える問題を取り上げ、ＳＤＧｓやカーボンニュートラルを掲げて、「緑の経済成長」や「成長なき繁栄」を唱える人たちが登場してきた。しかし、それらを主張するだけでは決して解決にならず、資本主義それ自体が有する本質的な矛盾を解き放たなければならないとする「脱資本主義」を主張する考えも出てきている。こうした様々な地球規模的な経済理念のもとで、会計学は、これまでの生産性の向上や利益の拡大を優先的に志向する国際会計基準に追従するだけでよいのであろうか。その方向次第では、存在意義そのものが問われてくることになる。

会計学は、社会にとって、人にとって、はたまた地球にとって有用なのかと。歴史が教えてくれる会計の原点、信頼性を今一度考えてみることが大切なのかも知れない。今日のＩＦＲＳが突き進む意思決定有用性アプローチに代わる基準として、私は、会計学の本来のあるべき姿として、開示情報信頼性アプローチを提唱した。[10] もちろん、本書での主張も各研究者の立ち位置によって大きく異なるものと思われるが、現状をしっかりと認識することが重要である。

1　ジャクソン著、田沢訳［２０１２］89－90頁。

2 ジャクソン著、田沢訳［2012］100頁。
3 フリードマン著、伏見訳［2010］。ジャクソン著、田沢訳［2012］。斎藤［2020］。
4 渡邉［2019a］38−50頁。
5 先に述べた注3のフリードマンやジャクソンの著作を参照されたい。
6 國部［2017a］。國部［2017b］。阪他著［2020］。
7 ピケティ著、山形他訳［2014］265頁。
8 斎藤［2020］231頁。
9 日本経済新聞2023年7月1日朝刊16面。
10 渡邉［2020］を参照。

第3章 岐路に立つ現代会計学

「道徳科学、そしてその一翼を担う経済学は、事実に関する知識と、人為の制度と人間性への深い理解との微妙な混合物であり、事実は制度をふくめ、国により社会の違いにより、また時代の変化によって異なり変わっていく。」

伊東光晴『現代に生きるケインズ』

1 はじめに

信頼性と有用性の岐路

2019年12月に発出した新型コロナは、瞬く間に世界中に拡散し、変異株による再拡散が世界を混乱に落し入れた。こうした中、会計学の分野でも、解決しなければならない多くの問題が顕在化してきた。中でも早急に対応が迫られるのが経済的格差の是正と温暖化現象による地球規模の災害抑止である。格差の拡大による差別、犯罪や紛争といった社会の崩壊と化石燃料をエネルギーの拠り所にしてきた炭素社会による地球の崩壊の二つにどのように対処していくのかは、会計学にとっても対岸の火事で済ませられる問題ではない。国際会計基準（国際財務報告基準IFRS）を議論するばかりではなく、会計学の根幹に関わる課題を思索することが今まさに問われているのである。

商業資本主義の誕生と共に、信頼性を基軸に据えて発生した複式簿記、産業資本主義の勃興と共に、資金調達のために有用性を第一義として進化した会計学、この両者が歩んできた足跡を辿りながら、８００年にわたる悠久の年月の中で徐々に変容してきた現在の姿と今まさに直面している課題、あるいはそこから生じてくるであろう問題を取り上げ、歴史の視点から筆者なりの思いを書き綴ることにした。

有用な情報の提供先はどこなのか

19世紀を迎え、信頼性を第一として誕生した複式簿記は、有用性を基軸にした会計学へと進化していく。会計学の主要な役割は、情報提供機能にある。いうまでもなく、その情報は、信頼できる情報でなければ意味をなさない。しかし、「有用でなければ信頼も勝ち取れない」を錦の御旗に、情報の中身が会計の本質である信頼性から提供先である株主への有用性に取って代わられてきた感が歪めない。

いうまでもないが、提供する情報が役に立たなければ、そんな情報には何の意味もない。しかし、いくら信頼できる有用な情報であっても、それが粉飾や不正な株価操作に有用で信頼できるものだというのであれば、話は別である。問題は、何にとって、誰にとって有用なのかである。一般の株主なのか、それとも大多数の株式を有するごく一部のヘッジファンドに代表される大株主なのかである。それによって情報の内容に大きな差が生じてくる。安定した経営の下で、毎期の正常な配当金を期待して投資する一般の株主か、それとは関係なく、極論すれば明日倒産しても構わず、今この瞬間の株価の変動差額に最大の関心を示す大株主のどちらに情報を提供するかによって、有用性の意味も変わってくる。手に入れたい情報が堅実で安定した実現可能な配当可能利益情報なのか、それとも瞬時に変動する企業価値情報なのかである。会計学の情報提供先がどこなのかによって、提供する情報の中身も変わってくるのは当然の帰結である。信頼性なのかそれとも有用性なのか。ここで今一度思い出して欲しい。会計学の利益計算構造を支える複式簿記が公正証書に代わり信頼性を第一として誕生したことを。会計の「いの一番」は、信頼性なのである。

非財務情報が会計に与える役割

昨今では、日々の経営に大きな影響を与えるものに、気候変動や環境汚染に人口増加といった一見企業経営や会計学とは関わりのない非財務情報があげられ、損益計算に重大な影響を投げかけている。その結果、「グローバル化した資本主義経済に、文明論的な別のプロジェクトを対置させることが急務」[1]になってくる。世界を襲う温暖化現象等により、各国に多発する森林火災、ハリケーンによる膨大な損失、日本でも亜熱帯化による集中豪雨や多発する地震に地崩れ等々で被る甚大な被害、加えて気候変動に伴う農作物の不作、漁獲量の減少や水揚げされる漁種の変化等が経済に多大な影響を与えている。

こうした非財務情報にどのように向き合うかは、これからの経済活動はもとより会計学にとっても重大な課題の一つになる。近年の気象情報の発達により、ある程度の予測は、可能になったとしても、何よりも、それらが及ぼす被害規模や被害額の測定などは、とてもできた相談ではないからである。

本章は、今日の情報の有用性か信頼性か、包括利益（架空利益）か実現利益（配当可能利益）か、非財務情報とどのように向き合っていくのか、あるいはまた際限なき資源開発か脱炭素社会の構築か、株主資本主義かそこからの脱却か（例えば市民主義、公共資本主義）、揺れ動く岐路に立ち、呻吟する現代会計学が直面する課題を、複眼的視点から思いつくままに書き下ろしたいわば一種のアフォリズムである。

2　経済的格差を生み出した公正価値会計

産業資本の勃興と会計学の役割の変容

会計学は、極めて実践的な科学である。それは、日常生活で生起する様々な経済事象を認識し会計上の取引とそれ以外の取引とに識別し、識別された取引にもとづき適正な測定基準によって企業損益を計算し、その結果得た様々な情報を利害関係者に提供する技法である。この会計学の根幹である損益計算構造を支えてきたのが複式簿記である。繰り返し述べてきたように、複式簿記は、13世紀初頭に商業資本の登場と共に誕生し、19世紀を迎えて産業資本の勃興によって会計学へと進化していく。簿記・会計の本質は損益計算にあるが、発生当初の役割は、債権債務の備忘録、すなわち金銭の貸借に伴うトラブルを回避するための文書証拠にあった。取引記録の信頼性と公平性を担保するためである。正確な記録と計算、信頼される報告が会計の原点であり命綱である。

産業革命の最中《さなか》、19世紀を迎えたイギリスは、損益計算技法としての複式簿記を投資誘引のための情報提供機能を第一義的役割とする会計学へと進化させていく。相次いで設立された巨大な株式会社は、南海泡沫事件（1720）の教訓を経て信頼できる近代的な財務諸表を誕生させ[2]、その進化の過程で拡大再生産による利潤獲得機能を研ぎ澄ませていく。皮肉なことに、われわれの生活を豊かにするはずの生産活動が今日の炭素社会を生み出し、温暖化現象による集中豪雨や森林火災に砂漠化といった地球規模の自然（森林）破壊や環境汚染を推し進め、時を経て、牙をむいて襲い掛かって来た。

イギリスで熟成された産業資本主義は、19世紀のアメリカに接ぎ木され、20世紀を迎えると金融資本主義へと変貌していく。これまで準拠してきた金融に関わる様々な法的な規制が緩和・撤廃され、英国ではマーガレット・サッチャー政権下（1979-1990）の１９８０年代に「ビッグバン」と呼ばれる大胆な金融自由化が実施される。日本でも１９９６年から２００１年にかけて本格的な金融制度改革（日本版ビッグバン）が推し進められていく。こうした金融緩和に向けた会計制度の抜本的な改革が会計ビッグバンと呼ばれている。わが国では、１９７９年の譲渡性預金（ＣＤ）の認可を皮切りに、２００７年には金融市場の競争力強化のプランが金融庁によって公表され、金融商品の多様化や規制緩和に拍車がかけられていく。

公正価値会計が生み出した様々な矛盾

その結果、富が富を生み出す市場原理主義のもとで、大資本を有する個人投資家やヘッジファンドが巨額の投資によって巨額の利益を手中に収め、経済的格差を拡大させていく。貧富の差の広がりが差別による争いや犯罪を多発させてきたことは、繰り返し述べてきた通りである。[3] 2017年のNGOオックスファムの報告書では、最も裕福な1%が前年に創出された富の82%を独占し、他の99%の人々が持つ総資産よりも多くの富を所有しているという。[4] また、2019年1月22日の朝日新聞のデジタル版によれば、世界で最も裕福な資本家26人が世界人口の約半分に相当する貧困層38億人の総資産とほぼ同額の資産を所有しているともいう。[5] こうした新自由主義、株主資本主義がもたらす経済的格差を国際会計基準（IFRS）という名の下で会計学が側面から推し進めてきたのは、まぎれもない事実である。

IFRSが準拠する公正価値会計の目的は、連結レベルとはいえ企業が有するすべての資産・負債を時価（出口価格）ないしは将来キャッシュ・フローの割引現在価値で再評価し、投機家の意思決定に有用な現時点の企業価値情報を提供することにある。そのため、公正価値は、公正という言葉とは裏腹に、市場のない金融商品や負債にまで予測が入り込み、実際の取引にもとづく正確で客観的な現実の価格（事実価値）を示すものとはいえなくなった。IFRSは、適正な企業活動の結果にもとづく成果計算のための基準ではなく、買収時点の時価評価によって企業の解体利益を計算する企業価値計算のための基準であるともいわれている。[6] これではとても会計学とはいえず、継続記録とは無関係に企業の現在価値を表示する単なる財務報告書の作成手引に過ぎなくなってしまっている。

公正価値による評価は、特定の利用者にとっては有用な情報かも知れないが、とても客観的な価値とはいえず、予測や期待が含まれた想像価値に過ぎない。会計の役割は、誰によっても検証可能で事実に裏づけられた信頼できる情報を提供するところにある。諍いが生じた時に公正証書の役割を果たすために誕生したのが会計、厳密には複式簿記であり、８００年の時をかけて信頼性と公平性を確固たるものにしてきた。発生当初では、キリストの助けを借りて、帳簿の初めに十字架と神への誓いの文言（In Nome di Dio, Amen）を記帳して、記帳に虚偽や不正がないことを強調している。この歴史の重みを忘れてはならない。信頼できる情報こそが真に有用な情報であることを。

3　金融資本主義の脱却を目指す脱炭素社会

会計が不正や矛盾の手助けをしてはならない

20世紀後半から21世紀にかけて世界を席巻した金融資本主義は、富の一極集中を生み出し、富める者をますます豊かに、貧しき者をより貧困にする構図を生み出した。長引くコロナは、それに拍車をかけて多くの業界に甚大な影響を及ぼし、とりわけ中小・零細企業や小売・飲食業を直撃し、倒産や休業の危機に追い込んだ。

こうした経済的格差による富の偏在が貧困や差別を生み出し、窃盗や殺人といった様々な犯罪を世界中で多発させているのは、紛れもない事実である。自由で民主的な国家を維持していくためには、何よりも安心・安全に暮らしていける成熟した豊かな社会の形成が前提になる。この安心を支えているのが経世済民としての経済思想であり、その根幹を支えている会計理念である。だとすれば、今日の矛盾を生み出した金融資本主義（株主資本主義）会計を根本から問い直すことが必要になる。有用性や目的適合性を第一とする現代会計学を信頼性と検証可能性に引き戻すことから始めなければならない。[7]

セルジュ・ラトゥーシュは、「生産性の増加、言い換えると技術の進歩を勝ち誇る様々な指標は、豊かさの進歩を否定できない仕方で示しているようだが、多くの場合会計上の巧妙な手口の結果である」[8]という。不正な経理に会計学が利用され、時として加担しているというのである。決してこのような疑念を会計学に抱かせてはならない。同時に、会計に関わる基準や規定が誤った解釈を可能にさせる余地を残してもならない。歴史が教えてくれるように、会計の原点は、信頼性である。期待や予測でカムフラージュされた包括利益計算を客観的でいつでも誰によっても検証可能な事実に裏づけされた実現利益計算に戻すことが重要である。もし包括利益情報が必要であれば、いわゆる非財務情報を含めて、財務諸表（計算書類）に注記ないしは事業報告書（会社法）や有価証券報告書（金融商品取引法）で示せば済むことである。会計学の原点が信頼できる実現利益情報の提供にあることを忘れてはならない。

利益至上主義と分配・環境との関係

近年大企業においても、獲得した利益、付加価値の配分が問われてきた。業種別の配当比率、内部留保の対利益比、先進国と発展途上国との格差、といった様々な角度からの実証研究が待たれる。また、新聞やテレビでもSDGs（持続可能な開発目標：将来世代のニーズを損なわずに現在世代のニーズを満たすことを可能にする経済開発目標）やESG（環境、社会、ガバナンス）という言葉をよく耳にする。社会を支えるエネルギーを化石燃料に依存してきた現代社会が温暖化現象を引き起こし、河川の崩壊や土石流、森林火災に砂漠化、ひいては地震に火山の爆発といった災害による甚大な被害が世界中を駆けめぐっている。ヴェネツィアのサン・マルコ広場も、大潮の満潮時にはまるで海に飲み込まれたようになる。海面上昇は、南太平洋の島国ツバルなどにとっては、国の消滅に直結する。CO_2の排出規制をチェックする会計監査やガバナンスの強化が急務である。

行き過ぎた金融資本主義（新自由主義）の下で、利益の極大化を追求する現行の企業活動とそれを支える公正価値会計が経済的格差と地球規模の災害を生み出してきたといえなくもない。便利で物質的な豊かさを追い求めるだけではなく、自然と心と経済のバランス、言い換えるとわれわれの生活の質、真の豊かさをどのように捉えていくかが問われている。便利さや快適さを得るために必要なエネルギー、そのエネルギーを得るために際限なく排出される二酸化炭素を如何に制御していくかが極めて重要な課題になってきた。

会計学の立場からは、今日の利益至上主義が引き起こす様々な矛盾を転換させるキーワードに、会計上の利益を包括利益（架空利益）から当期純利益（実現利益）に引き戻す、利益追求一辺倒の経営方針の抜本的改革、会計的倫理観・企業統治の徹底、付加価値の配分比率の見直し、税法を中心に会計学上の法改正・整備等が挙げられる。重要なのは、労働者への適正な分配比率や適正な内部留保比率を規定することである。これは、格差是正にとって極めて重要になる。しかし、付加価値の分配を労使間の交渉に委ねるだけでは、問題の解決は難しい。なぜなら、強者が利を得るのは、いうまでもないからである。

4　持続可能な成長から持続可能な生態系へ

地球温暖化と新たに登場する様々な経済政策

如何に利益至上主義に歯止めをかけるためとはいえ、法の力で規制を押しつけていけば、民主主義が壊れてしまう。しかし、地球の温暖化は、待ったなしである。地球を救うための方策は、一つに、資本主義を前提にしながらも持続可能な社会を構築するのと、今一つに、資本主義の宿命である経済成長一辺倒からの脱却を目指すという二つが考えられる。前者には、緑の経済成長と脱炭素社会を目指し、成長一辺倒を抑えながらも豊かな社会を目指す気候ケインズ主義（グリーン・ニューディール）などがあり、後者は、「資本主義の超克」、「民主主義の刷新」、「社会の脱炭素化」という三位一体を目指す脱成長《デクレッシェンド》コミュニズム（脱資本主義）あるいは新マルクス主義（市民参加型社会主義）と呼ばれている経済思想である。[9]

地球温暖化現象で一躍注目されるに至った気候ケインズ主義や節度ある豊かな社会を目指すいくつかの社会経済思想は、資本主義を前提にしながらも、経済成長一辺倒の繁栄を見直し、地球上の生態系を壊さない範囲でサスティナブルな社会の実現を目指していこうという立場である。しかし、人間の利益獲得、お金を手に入れたいという欲望には、際限がない。たとえ地球にやさしいグリーン革命とか生物経済学といったところで、経済成長を前提にする限り、炭素社会から脱け出すことはできないという主張が登場してきた。それが新マルクス主義である。経済活動の根幹である利潤獲得は、収奪を伴う負荷の外部化ないしは転嫁に依拠せざるを得ない。そのため、斎藤幸平によれば、カーボンニュートラルを目指すSDGsやデカップリング（経済成長と環境・生態系の両立）、あるいはCCUS（二酸化炭素の回収・有効活用・貯留）といえども、所詮は幻想に過ぎず、資本主義を延命させるための現代版「大衆のアヘン」に過ぎないという。[10] また、ラトゥーシュは、サスティナブルな経済成長など現実にはあり得ず、欺瞞に満ちた幻想に過ぎず、一瞬の花火のように夜空に消え去ってしまうであろうという。[11] ではそこでは、自由や民主は、どのようにして担保されるのであろうか。

持続可能な開発目標（SDGs）から持続可能な生態系目標（SEGs）へ

ラトゥーシュのいう脱成長は、際限のない発展に対する妄信や飽くなき資本蓄積への欲望からの脱却、いわば脱西洋的資本主義というか新自由主義における無節操な開発からの脱却を目指すもので、必ずしも景気後退やマイナス成長を意図するものではない。節度ある豊かさを目標とし、成長のために壊し、置き去りにしてきた心の豊かさ、安全で美味しい空気や水を取り戻そうというのである。[12]この「脱成長プロジェクトは、［資本主義社会の下で］別の形の経済成長や別の形の開発（持続可能な開発、社会開発、連帯的開発など）を目指すプロジェクトではなく、現在とは異なる社会、すなわち『節度ある豊かな社会』ないしは、『経済成長なき繁栄』の構築を目指すプロジェクト[13]」だという。

現実の社会で経済成長を全否定した社会が存在し得るのか。今更、原始時代に戻るわけにはいかない。人が生きていくためには、食べ物や衣服に住居が必要であるのはいうまでもない。果たして、一切の成長を否定した社会が存在し得るのか。豊かな社会を構築するための節度ある成長と地球を壊してまでやみくもに利益獲得を推し進める開発とは、分けて捉えることが必要である。私は、経済成長一辺倒ではなくまたその全否定でもない、両者を揚棄した脱炭素社会《カーボンニュートラル・ソサエティ》を目標にし、SDGsに代わる地球とその生態系《エコシステム》を守る「持続可能な生態系目標」（SEGs：Sustainable

Ecosystem Goals）を掲げた自由で民主的な社会、その社会の実現を支える経済政策と会計基準の構築を目指す制度改革を推奨したい。

資本主義が抱える経済成長には、二つのジレンマがある。一つは、限りある資源のもとで不断の経済成長を続けていく矛盾。今一つは、だからといって不断の経済成長を否定すれば、消費の落ち込みによる景気の後退や失業の増加等の社会に負のスパイラルを生み出す矛盾である。[14] 資本主義社会を持続させるためには、この二つの矛盾を避けて通ることはできない。温暖化による地球規模の矛盾克服の道筋を示すところに、経済学のみならず会計学の存否もかかっている。

5　株主資本主義（市場原理主義）会計からの転換

意思決定有用性アプローチから開示情報信頼性アプローチへ

現代社会は、自らを動かすエネルギーを化石燃料に依存し、多くの二酸化炭素を排出してきた。これが温暖化の最大の原因である。このまま放置すれば、地球は、そしてわれわれの生活は、遠からず終焉を迎えることになる。この状況を食い止めるため、２０２１年10月31日から11月12

日にかけて第26回国連気候変動枠組条約締約国会議（ＣＯＰ26）が英国グラスゴーで開催された。11月４日の石炭火力発電の廃止を盛り込んだ声明にＥＵ、イギリスなど46カ国が署名をしたが、日本は、米中両国と共に見送った。わが国は、国際環境非政府組織（ＮＧＯ）から気候変動対策に後ろ向きとの烙印を押されてしまう。脱炭素に向けて５年間で最大１００億ドルの追加支援を表明したが、[15]お金で済む話ではない。10日に至り、両国で世界の温暖化ガス排出の４割を超える米中は、急遽気候変動対策で協力する共同宣言を発表した。しかし、先進国と途上国、資源国と利用国との間では、石炭の産出、消費についての考えには大きな隔たりがあった。会期を１日延長して討議したが、最終合意の内容は、当初から大きく後退した。気温上昇を１・５度に抑え、温室効果ガス排出量を２０３０年に10年比45％減、２０５０年度までに実質０にするという「段階的な廃止」という決意が「段階的な廃止努力」という単なる目標にとどまった。[16]先進国主導の会議には限界も見えてきたが、温暖化による地球と世界の崩壊は、待ったなしである。

こうした状況下で、会計学は、金融資本主義（株主資本主義）のもと国際基準（ＩＦＲＳ）やアメリカ基準（ＵＳ－ＧＡＡＰ）に追随するのか、それとも経済的格差を是正し脱炭素社会に対応できる新たな会計制度や会計基準、関連する法整備を実現して信頼と社会貢献を取り戻すことができるのか、その岐路に立たされている。生成時の原点に立ち返り、意思決定有用性アプローチに代わる開示情報信頼性アプローチを基準に据えた新たな会計基準の設定が待たれる。[17]

世界の動向は脱株主資本主義へ

アメリカ財務会計基準審議会（FASB）やアメリカ公認会計士協会（AICPA）は、土壌汚染や気候変動といった環境が社会に与える負の影響を懸念して、すでに1993年と1996年に環境会計基準を制定している。また、2006年に当時の国連事務総長コフィー・アナンが提唱した責任投資原則にもとづいて環境、社会、企業統治の観点からESG投資が行われてきた。さらに2011年7月には、アメリカで非財務情報を投資家に開示する目的でサステナビリティ会計基準審議会（SASB）が設立され、2018年11月にはサステナビリティ会計基準を公表している。[18]

本来ESGは、あくまでも環境汚染や自然（森林）破壊を食い止めるための報告書であり、決して投資意思決定に有用な情報を提供するためのものではない。こうした非財務情報は、外部報告・投資目的ではなく、内部報告・経営者のための管理目的として位置づけられるべきものである。株主資本主義のもとで、投機家《スペキュレイター》への有用な情報提供が強調され、会計の本来の目的である信頼性とすり替えられている。

向山敦夫は、会計学の立ち位置が「近年あからさまに投資意思決定を目的とした非財務情報の有用性の視点に大きく舵が切られている」のではと危惧する。財務情報と非財務情報との統合を指向する国際統合報告委員会（ＩＩＲＣ）は、２０１３年のフレームワークで、環境保護に関する情報を資本提供者への報告に転換したのではともいわれている。[19] こうした中、２０１９年８月に開催されたアメリカ経済団体のビジネス・ラウンドテーブルでは、脱株主第一主義を掲げ、株主以外の利害関係者の利益を尊重する資本主義の実現を目指す動きも見られ、２０２０年１月の世界経済フォーラムの年次総会（ダボス会議）では、株主《ストックホルダー》資本主義ではなく利害関係者《ステークホルダー》資本主義が主要なテーマになったといわれている。[20]

心豊かな生態系実現への会計の役割

しかし、先に述べたＣＯＰ26開催中の11月3日に、クララ・バービー（インパクト・マネジメント・プロジェクトＩＭＰのＣＥＯ）の司会によるリチャード・サマンズ（気候変動開示基準委員会ＣＤＳＢの議長）、リチャード・セクストン（価値報告財団ＶＲＦの理事共同議長）とエルッキ・リーカネン（ＩＦＲＳ財団議長）の３人によるパネルディスカッションが開催された。席上リーカネンは、非財務情報の投資家への提供を目的とした国際サステナビリティ基準審議会（ＩＳＳＢ）の設置を発表した（An update on the ISSB at Cop26 – IFRS Foundation）。ＩＦＲＳは、気候変動による災害予測をも投資家の利益獲得に役立てようというのである。ＥＳＧの理念とは異なるのではなかろうか。

地球の再生産能力は、すでに経済的需要に追いつかなくなっているという。[21] そのため、如何に再生可能や環境といった旗印を揚げたとしても、飽くなき利益追求を目的とする限り、それは、単なるお題目に終わってしまう。気候変動や環境破壊といった一見非財務情報と思われる内容が、企業の売上に直接影響を与え、対応如何によっては莫大な損害を与える。コロナ禍も然りである。持続可能な開発目標（SDGs）から、真に地球環境や社会にやさしい持続可能な生態系《エコシステム》目標（SEGs）に切り替え、会計学が率先して緑に囲まれた自然環境や美味しい水と空気、人と人との繋がりや心豊かな生態系を実現させる経済システムを構築していくことが望まれる。

6　おわりに

地球温暖化と経済的格差からの脱却に果たす会計の役割

温暖化ガス排出量の実質ゼロを目指し、地球上の生態系を維持しながら経済的格差を是正し真に豊かな社会を取り戻すために、投資家への財務報告のためではなく会計学の立場から、以下の

4点を提案したい。①株主資本主義の転換（情報提供の目的→有用性・目的適合性から信頼性・検証可能性へ）、②SEGsを目標にした炭素社会との決別（企業家精神の重視→企業倫理、企業統治と会計監査の徹底）、③金融資本主義からの脱却（利益至上主義の見直し→金融商品取引法・会社法等の改訂と環境会計基準の整備）、④富の一極集中の是正（適正な利益分配→税法の改正）。

人口増加と会計学：豊かな社会に向かって

さらに避けて通れないのが、人口問題である。「18世紀には6億人であった世界人口は、今日70億人以上に増加」している。[22] 1798年に『人口論』を世に問うたトマス・ロバート・マルサス（1766-1834）は、人口は、何の抑制もなければ、等比数列的（かけ算）に増加するが、食糧は、等差数列的（たし算）にしか増加しない。そのため、人口の増減は、農村の食料不足と都会での悪徳による二つの貧困に影響され、家族を養っていく不安のない国では、人口増加の力は、これまで以上に強まっていくという。[23]

マルサスの懸念とは逆に、近年先進諸国では出産率の低下が経済成長の観点から深刻な問題になってきた。貧困が人口抑制になるという主張やいわゆる「マルサスの罠」（人口の落とし穴）が当てはまるか否かは別にしても、人口問題は、AIの驚異的な進化とあわせて、会計学にとっても最大の課題になるかも知れない。

豊かな社会の実現には、いわゆる非財務情報も視野に入れ、富の一極集中を排除し、格差是正に向けた金融資本主義（株主資本主義）からの脱却、会計倫理観の自覚、適正な利益配分、エコロジー、エコシステムを中心に据えたSEGs実現のための新たな会計システムの構築が待ったなしである。如何なるシステムにも完璧はない。たとえ現在の資本主義に矛盾があったとしても、自由と民主が置き去りにされ、リーダーシップが専制と勘違いされる独裁的な社会になることだけは、何としても避けたい。

1 ラトゥーシュ著、中野訳［2020］10頁。
2 渡邉［2020］114－117頁。
3 渡邉［2019c］142－144頁、［2020］8－10頁。
4 ラトゥーシュ著、中野訳［2020］52－53頁。
5 斎藤［2020］231頁。
6 田中［2019］215頁。
7 渡邉［2020］186－192頁。
8 ラトゥーシュ著、中野訳［2020］34頁。
9 斎藤［2020］356頁。

10 斎藤［2020］4頁、42頁。
11 ラトゥーシュ著、中野訳［2020］38－44頁。
12 ラトゥーシュ著、中野訳［2020］8－9頁。
13 ラトゥーシュ著、中野訳［2020］82－83頁。
14 ジャクソン著、田沢訳［2012］87－90頁。
15 日本経済新聞2021年11月9日朝刊5面。
16 日本経済新聞2021年11月13日夕刊1面、14日朝刊1、3面。
17 渡邉［2020］186－188頁。
18 植田［2020］17－19頁。
19 向山［2021］4頁。
20 阪［2021］12頁。
21 ラトゥーシュ著、中野訳［2020］47頁。
22 ラトゥーシュ著、中野訳［2020］98頁。
23 マルサス著、斉藤訳［2017］30、34、90－92頁。

第4章 会計における倫理の重要性

「倫理とは人間共同態の存在根柢として種々の共同態に実現せられるものである。それは人々の間柄の道であり秩序であって、それあるがゆえに間柄そのものが可能にせられる。倫理とは…まさにこのような人間の道にほかならぬ。」

和辻哲郎『人間の学としての倫理学』

1　はじめに

信頼性を担保するのは倫理なのか

会計学は、極めて実践的な科学である。われわれの日常生活に深く根差した学問であり、その損益計算構造を支えてきたのが複式簿記である。複式簿記は、ルネサンス前夜13世紀初頭にイタリア北方諸都市で取引の文書証拠（備忘録）として誕生する。商業資本の勃興と共に信用取引が発生するが、その清算や金銭の貸し借りをめぐっては、しばしば諍《いさか》いが生じた。今も昔も同じである。取引に伴って諍いが生じた時、その作成に多くのコストと手間ひまのかかる公正証書に代わって用いられたのが、文書証拠としての複式簿記である。

そのため、発生当初の帳簿には冒頭に十字架と誓いの文言が記され、記録に決して嘘偽りがないことを神に誓っている。複式簿記にもとづく取引記録に公正証書と同等の確固たる信頼性が求められたからである。悲しいかな、いくら神に誓っても不正は生じる。不正を抑止するには、社会的規範である法律によって強制的に規制し、違反した者に対して厳しい罰則を課すことが考えられる。自由主義社会では、こうした私権の拘束は、最小限に抑えたいが、そうすれば必ずや法の網を潜り抜ける者が出てくる。では信頼性は、最終的には何によって担保されるのか。一つには、従うべき法律や基準が上からの押しつけではなく皆が参加して納得できるものになっているか否かであり、二つには、その規定を守っていく当事者が共通の倫理観ないしは道徳観を持ち合わせているか否かにかかっている。

会計倫理は企業統治と監査によって担保

古来、多くの哲学者や経済学者は、倫理・道徳の問題を自由論、善悪論、正義論、平和、功利主義、幸福論等の視点から論じてきた。会計は、人の世の営みの中で経済活動における秩序を適正に維持していくために自然発生した人類の知恵である。この会計行為における道徳観、会計学における倫理観が近年、金融資本主義、株主資本主義あるいは利益至上主義の荒波を受けて後退し、信頼性に代わって有用性が大きく前面に押し出されてきた。

こうした状況下で、会計倫理観の実務への浸透を推し進めるため、単に個人の意思・善意に委ねるだけではなく強制力のある法的な規制の必要性も浮上してくる。具体的には、法令遵守《コンプライアンス》のための厳格なる企業統治《コーポレート・ガバナンス》と依頼者側の意向や便益とは完全に独立した外部監査人によって作成される監査上の主要な検討事項《キイ・オーディット・マターズ》（ＫＡＭ）の設定とその履行である。

本章では、和辻哲郎（1889-1960）ではないが、「人間の学としての会計学」について会計上の倫理観・道徳観とそれを担保する法的規制の両面から論じていくことにする。初めに、倫理と道徳の問題から見ていくことにする。

2　社会科学における倫理と道徳

倫理とは何か

人の世の営み、人間社会の繋がりを正常に維持させていくためには、社会の秩序と相互の信頼が前提になる。この社会における共同態の枠組みは、人倫《じんりん》の理《ことわり》、すなわち倫理ないしは道徳によって支えられ、人倫は、人が生きていく上での社会的かつ個人的な人間存在の真実を指している。単に会計上の問題というだけではなく、それ以前の人としてのあり方、生き方に関する根源的な問題である。

信太正三（1914-1972）によると、倫理とは、倫と理を統一した言葉であり、「倫」は、なかま

（仲間）、ともがら（伴―伴侶）、たぐい（類）を意味し、古来人倫すなわち社会的かつ個人的な人間存在の真理と熟語化されて用いられ、一般的には共同社会や利益社会を指している。「理」は、道理の理、理法の理であり、物事のすじみち、わけ、ことわり、秩序、法則を意味する。したがって、倫理とは「客観的には人間の社会態の成立ついかなるところにも存在し、かつ存在すべき道理であり、主体的には社会的成員たる人間がそれぞれ自己を自覚的に規律し履践すべき、《すじみち》[1]」を指すことになる。

和辻も同様、倫はなかまを意味し、人倫は、人間共同態の意味を持ち、親（父子）・義（君臣）・別（夫婦）・序（昆弟）・信（朋友）の五倫に支えられた「人の道」あるいは「道義」と同じ意味で用いられているという。それに対して理は、ことわり、すじみちを意味し、人が人として生きていく上での道、道理を指し、理論的に形成された原理ではないことになる。したがって、倫理学とは人間関係すなわち人が生きていく上で欠かすことのできない共同態の根柢にある秩序や道理を明らかにする学問なのである。両者とも、倫理を人間共同態の根柢を形成する秩序と位置づけている。[2]

経済活動においても倫理観を持ち社会秩序を遵守することは、極めて重要になる。経済活動を支える会計学は、その根本である利益獲得行為を支えつつも、無秩序な利益獲得競争に与《くみ》するのではなく、一方で適正な配分を通して経済的格差の是正に寄与し、貧困、差別、犯罪に戦争といった社会の崩壊を防ぎ、他方で際限のない拡大再生産のもとで温暖化や森林破壊による地球の崩壊を食い止める対処法を提起していかなければならない。その重責を担っているのが会計倫理学である。

倫理と道徳は哲学的には同じである

倫理《エシックス》と同義的に用いられる言葉に道徳《モラルズ》がある。道徳の「道」とは、人と人とが人間的な繋がりを築くための心の通路、心を通わせる道筋を意味している。人が生きていく上でのあり方を導く根本的な理《ことわり》なのである。それに対して、「徳《バーチュー》」は、人の交わりを通して体得する優れた品性やよき行為を指している。[3] 徳は、人倫の道を個人の身心に即して眺めたものであると規定されている。人が生きていく上での基盤である経済活動、その経済行為の基本である計算構造を支える会計に携わる者、とりわけ組織の責任ある立場にいる人にとっては、人としての道を極め、徳をわがものとすることが何にもまして重要になる。

少し長い引用になるが、信太によると、「倫理と道徳とは、人倫の道という同一のものを観点を異にして表現したものと考えられる。倫理は、人間の存在と行為を規正する人倫の理法を、その客観的な存在性の面に着目して言いあらわし、道徳とは、その理法の実践的であるべき行的主体性の面あるいは動的自覚構造の面に力点をおいて言いあらわしたものであろう。哲学的にいえば、倫理は、人倫の理法を行為の契機から切り離して客観的に存在論的な表現にのせたものであり、道徳は、その同じものを、現実の個的主体の自覚行為に媒介せしめて実存論的に表現せんとしたものと考えられよう。倫理という言葉が、学的抽象性のよそよそしさを感じさせるのも、それが人倫の理法の論理性ともいうべきものを表現せんとしているためである。それに反し、道徳という言葉が身近な血肉性をおびたものと感じられるのは、それが人倫の理法の意識的行為的な歴史性を表現せんとしたためであろう。そこに同一内実に即しながらも両語のあいだにニュアンスの違いが生じる原因がある。……いずれにせよ、人間が人間として何らかの社会的な共同存在（Mitsein）を生きるかぎり、そこに人倫の理法たる倫理が、行為の実践的規範たる何らかの道徳が在り且つ在らねばならぬ」[4]ことになる。倫理・道徳とは、まさしく会計人を含めたすべての人の道である。

この道徳や善悪に関する問題は、時として、フリードリヒ・ヴィルヘルム・ニーチェ（1844-1900）のいうように、社会の一切の信仰が動揺し、現存の道徳的価値への新たな批判、具体的には人間の進歩・功利・繁栄といった今日価値あるものと位置づけている道徳の中にこそ累卵の危機が存しているという逆換論的思考にも留意しておく必要がある。[5]

人間は社会的動物であり倫理は人と人を結ぶかけ橋

アリストテレス（BC384-BC322）は、「人間はもともと社会的な動物である」（zōon physei politikon）と定義し、ヴィルヘルム・ヴィンデルバンド（1848-1915）は、その定義を「人間は歴史を有する動物である」といい直している。[6] 人が人として生きてこられたのは、共同態である社会の一構成員として経済や会計の現実の場で歴史的な存在であったからであり、このことは、まさに人倫の理《ことわり》が古くから市場や企業活動にも存在していたことを物語っている。歴史が重視されるのは、それが常にわれわれの今生きている現在の視点に立って未来を見ているからであり、現在の生活や生き方との関わりにおいてである。まさしく、歴史の現在性である。それは同時に、「現在の問題意識や心構えも、将来に向かって先取的に投じられたわれわれの目的や志望によって限定されざるをえないとすれば、現在から過去をつかむことも、実は将来から現在を通じつつ過去をつかむことにほかならない。そこに歴史認識の将来性の一面がある」[7]ことを明示しているといえよう。

もし倫理の価値理念が歴史的に決められるのであれば、すべてが相対的になり、一切の不滅なるものも所詮は比喩に過ぎなくなる。あらゆる不条理も然りというのであろうか。たとえ歴史的世界が相対的であったとしても、その相対性や悪魔性を受容する力は、絶対的かつ恒常的な普遍性と触れ合う立場からのみ可能になる。だとすれば、人倫の理《ことわり》は、人の社会・経済生活にとって守られなければならない時代を超えた普遍的かつ本質的な真理なのである。

われわれがここで問題にしているのは、倫理学そのものではなくあくまでも会計学である。会計学における倫理の問題である。会計学は、一般的には、日常生活で生起する様々な経済事象を認識し、会計上の取引とそれ以外の取引とを識別し、識別された取引にもとづき適正な測定基準によって企業損益を計算し、その結果得た様々な情報を利害関係者に提供する技法《アート》と規定することができる。まぎれもなく、企業という共同態の中での研究領域である。したがって、企業人は、企業経営に当たりその根柢にある秩序や道理、すなわち守るべきすじみちとしての倫理や道徳を前提に、経営を行っていかなければならない。決算のごまかしや公金の流用・着服などは、論外である。

会計的倫理の第一歩は法令遵守

今日の西欧的な市民意識は、孤立して存在する個人の実在をもって人のあり方の自然な姿と捉え、社会は、諸個人の自由契約にもとづいて構成される二次的な利害調整機能と見なすことができる。[8] こうした社会観が近代の資本主義的社会の経済自由主義、あるいは市場原理主義の本質を形成しているといえる。

ところが、個人の履き違えた利益追求志向が決算のごまかし、事実の改ざんといった不正な行為を生み出し、単に企業経営や会計学の領域においてのみならず、治世の場やわれわれの日常生活においてもしばしば見出せるのが現実である。何が原因しているのか。組織や個人の資質の欠陥に因るだけなのであろうか。根幹にあるのは、単に個別の問題に止まらず、倫理、すなわち先に述べたように、なかま、人と人との繋がりにおける社会的な基盤が、貧困や差別や人権の侵害などによって崩壊し、人としての条理が喪失しているところに、最も大きな原因が潜在しているように思われる。

われわれの研究対象である会計学や複式簿記は、人と人との取引、共同態の一員として守らなければならない重要な社会的秩序をしっかりと認識することが前提である。これこそが倫理観や道徳観に裏づけられた公平性と信頼性の源《みなもと》なのである。この信頼性は、正確な記録・計算・報告によって担保されることになる。会社法や金融商品取引法、あるいは会計原則や会計基準によって会計学の根幹である情報提供機能が支えられている。こうした会計上の様々な法律や制度を順守することが重要であり、こうした法令遵守《コンプライアンス》の精神を支えているのが企業統治であり、監査制度なのである。両者については、すぐ後で述べることにする。

3　人間の学としての会計学

際限のない利益に対する欲望と倫理観

和辻の著作に『人間の学としての倫理学』がある。人が社会生活を送る上で必要な体系的知識に倫理学を挙げ、人間社会の根柢にある共同態の秩序としての倫理や道徳、すなわち社会の約束事・社会的規範に対する意識の大切さを説いている。

今日の社会生活において、経済は、欠かすことのできない日常行為であり、この経済を損益計算という実質的な側面から支えてきたのが会計学である。それ故にこそ、会計学にとって、倫理、すなわち企業で働くなかまへの思いやりや約束事が如何に重要であるかが思い知らされる。企業が社会的な共同態として存在する限り、社会的な理法である倫理や実践的な規範である道徳がなければ健全に機能せず、社会もまた立ち回らなくなるのは自明の理である。ローマ法の理念である「社会あるところに法あり」と同じく、「人あるところに倫理あり」、「企業あるところに道理あり」である。

しかし、会計学の対象の中心は、損益計算である。今日の行き過ぎた金融資本主義のもとで、人のお金に対する執着心は、際限なく拡大していく。ある特定の物を手に入れたいという物欲には限界がある。同種の対象物をいくつか手に入れると、そうした欲望は、自然と収まり、どこかの時点で歯止めがかかる。しかし、お金に対する執着心には限りがない。企業が利益を獲得したいという欲望も同様に際限がないのである。

マックス・ヴェーバー（1864-1920）は、人間の倫理の限界を超えた「金銭欲はわれわれの知る限り人類の歴史とともに古い」[9]というが、この利益獲得という飽くなき欲望は、時として人の心を果てしない奈落の底に突き落としてしまう。ヴェーバーは、こうした利潤を志向する商人のエートスを賤民的資本主義と定義づけ、ピューリタンによる市民的な労働組織によって形成されている健全な近代資本主義と区別している。営利そのものが人生の目的になっているというのである。[10] マルティン・ルター（1483-1546）も同様に、必要を超えた物質的利益の追求は、他者の犠牲によらずしてはなし得ないため、そうした行為は、排斥すべきものだと主張している。[11]

禁欲的なエートスで社会矛盾を克服できるのか

健全な経済活動によって得られる利益が従業員や社会に適正に還元されるのであれば、何の問題もない。しかし、成果の大部分が経営トップや一部の大株主に、あるいは過度の内部留保に振り向けられ、従業員の年収が失われた30年の長きにわたって据え置かれたままの現状を直視すれば、事態は深刻である。貧富の格差は拡大し、加えて先進国と発展途上国との格差もさらに大きなものになっている。一般庶民の日常の経済生活から比較すれば、日本は、もはや先進国とは名ばかりの状況に陥っている。

経済的格差による差別や犯罪は世界中で多発し、覇権主義による国家間や民族間での紛争も誘発され、多くの人が飢えに苦しみ、国を追われている。こうした状況を生み出した要因に利益至上主義や一部の大株主やヘッジファンドへの有用な情報提供を第一目的とする現行の会計制度・会計基準がたとえ間接的にでも関わっているとすれば、会計学を専攻するわれわれにとって、問題は深刻である。有用性や目的適合性を第一とする現行の会計基準からの脱却、信頼性・検証可能性への回帰が急がれる。

ヴェーバーは、利益を私的な享楽に浪費する目的でのみ追求するなら、健全な資本蓄積も企業拡大も難しくなるとした。彼は、過酷な競争に打ち勝つためには、その根本に禁欲的なプロテスタンティズムの倫理と精神が必要なことを指摘している。[12] 確かに、「初期の資本主義の発展は、市民層の自由な企業や労働が、目的合理的な《周到》の徳性および《勤勉》や《質素》等の禁欲的エートスに支えられて、集中的に生産力に転化しえた[13]」といえるかも知れない。しかし、今日のグローバル化した自由主義社会のもとで、キリスト教的な禁欲的エートスのみで矛盾を克服していくのは、非現実的といわざるを得ない。

新自由主義が離倫理的・背倫理的状況を生み出すのか

近代資本主義精神のもとでの資本蓄積への際限なき欲望は、金融資本主義を生み出してくる。新自由主義のもとで利益の極大化を目指す非人格化された企業は、倫理的思考を蚊帳の外に追いやり、本来のあるべき姿を見失い、経済的搾取や政治的弾圧といった「離倫理的」ないしは「背倫理的」状況を生み出してくる。[14] そこにこそ、社会や企業が倫理・道徳を尊重しなければならない根拠が存するが、それは同時に、倫理の経済化・政治化・階級的歪曲という危険な背信現象も生み出してくる。警戒しなければならない。しかし、倫理観こそが人が人として存在し、社会経済活動の中で積み上げてきた諸価値の総和なのである。倫理観に守られた人格的品位と信頼こそが、経営者が守らなければならない最後の砦なのである。

ケンブリッジ学派の始祖アルフレッド・マーシャル（1842-1924）は、1873年の「労働者階級の将来」と題する講演で、「人間の性格は、環境の産物であり、日々の仕事の内容や収入によって後天的に形成されるものである。貧困、そして冷酷な肉体労働は人間の品位の低下をもたらす」[15]と述べている。失業や疾病に直面すると、「切羽詰まれば」とか「背に腹は代えられぬ」というう大きな落とし穴が常に待ち受けている。しかも、平常時ではいざ知らず、飢えや戦争という極限状態では理性も倫理も吹き飛んでしまうのは、歴史の教えるところである。それ故にこそわれわれは、こうした絶望的な悲劇を繰り返してはならない。生み出してはならないのである。

4　民意を汲み取るアジャイル・ガバナンス

善悪の彼岸はどこにあるのか

20世紀後半から21世紀にかけて世界を席巻した金融資本主義は、富の一極集中を生み出し、富める者をますます豊かに、貧しき者をますます苦しくしていく。こうした状況下で、手段や目的に関係なく膨大な利益を得たごく一部の富裕者の行為が「よいこと」と称賛され、それが繰り返されることによって企業人にとって「よいこと」とは、利益の極大化行為になっていく。その結果、最終的に富を得た者が「よい人」、「優れた人」と評価され、やがてそうした行為が当然のように良い行為として社会の中で定着していく。経済競争での勝者が善・優れた人、敗者が悪・

劣っている人という構図が、自己責任という名のもとで、広く定着してしまった感が否めない。[16]もしその構図の一端を会計学が担っているとすれば、憂慮すべき事態である。清貧などという言葉は、すでに死語になってしまったのであろうか。

富の一極集中は、その富を得た者にとっては「よいこと」になるのかも知れないが、貧しき者をより貧困にする構図を生み出し、差別や犯罪や戦争といった社会的な絶対矛盾、「わるいこと」を生み出していく。よいこととわるいこと、善悪の彼岸は、まさしく裏腹であり、ここに倫理・道徳の難しさがある。

経済的格差による富の偏在が貧困や差別を生み出し、窃盗や殺人、あってはならない戦争といった様々な犯罪や破壊を世界中で多発させている。心豊かで安らかな生活を送るためには、自由で民主的な国家、何よりも平和で安心・安全に暮らしていける成熟した社会の形成が前提になる。この安心を経済的側面から支えているのが経世済民としての経済思想であり、その根幹を支えてきたのが会計理念なのである。だとすれば、今日の矛盾を生み出した金融資本主義（株主資本主義）会計を根本から問い直し、有用性や目的適合性を第一とする現代会計学の理念を信頼性と検証可能性に引き戻すことが必要になる。もちろん、信頼性と有用性、どちらが会計にとってより重要な基準であるかについては、立ち位置の違いによる価値観の多様化した倫理的相対主義の視点に立てば、答えは一つでないかも知れない。しかし、人が人として社会の中で生きていく上では、必ずや守るべき秩序や道理、普遍的な倫理観・道徳観が存在しているはずである。

功利主義・公平性は人を幸せにできるか

かつて、ジェレミ・ベンサム（1748-1832）やジョン・スチュアート・ミル（1806-1873）は、人の幸せを「功利」に求め、それを計量可能な快楽・幸福と規定してすべての価値の原理と考える功利主義を主張した。この考えは、人間の幸福の実現にとって重要な人間関係における正義を道徳という個人の主観的判断ではなく法律という客観的な社会共通のルールの中に求めた。ベンサムは、１７８９年に『道徳と立法の諸原理序説』を上梓して功利主義を最初に定式化し、人が持つ利己心と慈愛の心を一緒にさせて「最大多数の最大幸福」を目指す倫理思想を展開した。[17]ベンサムの功利性の思想を継承し、発展させたのがミルである。ミルは、１８７１年に『功利主義』（Utilitarianism）と題する一書を世に問い、功利性が社会に与える全体的な効用や幸せの原点であると位置づけた。

功利主義とは、ごく単純にいえば、社会の幸福（快楽）と個人の幸福（功名・利得）の調和を目指し、不幸（苦痛）を減少させることを目標として主張された最大多数の最大幸福を目指す倫理観（道徳観）をいう。この功利主義の中心に位置しているのが公平性《インパーシャリティ》である。ミルは、公平性という功利主義の精神を個々のケースに当てはめるのではなく、その精神にのっとった道徳規範や法律といった総体的な制度の普及の中に求めている。[18]

公平性は、会計学の領域においては、利益分配に際して問われることになる。獲得した利益を経営者や大株主が独り占めするのではなく、従業員や社会にも公平に分配していく。そこに経営者の理念や方針ひいては倫理観が現れる。しかし、こうした倫理観をすべての経営者に絶えず求めていくには限界がある。そのため、倫理観を何らかの方法で担保することが必要になる。自発的な価値観だけではなくそれを支える強制力を持った法的な規定である。この法令遵守のために、一つには社外取締役といった企業と直接的な利害関係を持たない第三者による経営管理・監視システムとしての企業統治であり、二つには同じく利害関係を有しない独立した専門家（公認会計士）による監査とそのチェックを効果的にするためのＫＡＭの設定である。こうした諸規程によって会計行為における公平性や信頼性が、一定の限界を持ちながらも、担保されることになる。

ＣＯＰ26は地球温暖化に歯止めをかけることができるか

しかし、法的規制で問題になるのは、自由裁量権との兼ね合いである。実務家は、現実の法律や基準に従って日々の業務をこなしていく。具体的な運用者にとっては、どの程度の範囲で裁量権、すなわち自由度が認可されるかが重要になる。がんじがらめの規律では実務は硬直してしまい、余りにも裁量に幅のある規程では、規定する意味がなくなる。倫理にとっても同様であり、課題は、その解釈が社会のルールである公共性や功利主義、具体的には公平や信頼と自由との兼ね合いをどこに置くかにかかっている。

セルジュ・ラトゥーシュは、「生産性の増加、言い換えると技術の進歩を勝ち誇る様々な指標は、豊かさの進歩を否定できない仕方で示しているようだが、多くの場合会計上の巧妙な手口の結果である[19]」という。不正な経理に会計学が利用され、時として加担しているというのである。すでに第３章で述べたところであるが[20]、このような疑念を１ミリたりとも抱かせてはならないし、会計基準や規定に履き違えた解釈の余地を残してもならない。

前章で詳しく述べてきたが、ＳＤＧｓ（持続可能な開発目標）というのは、たとえ持続可能といえども開発を前提にする限り、それが徐々に拡大されしかも際限なく継続されていくなら、地球やその生態系は、あっという間に壊れてしまうのではという懸念が残される。開発の限度をどこに置くかである。２００６年の国連責任投資原則（ＰＲＩ）を期に、ＥＳＧ（環境、社会、ガバナンス）投資への理解が拡大し、２０１５年のパリ協定や国連のＳＤＧｓでもＥＳＧ投資を後押ししている。[21]とりわけ、環境対策は、２０２１年10月31日から11月12日にかけてグラスゴーで開催されたＣＯＰ26（第26回国連気候変動枠組条約締約国会議）によって討議されたのは、すでに述べた通りである。[22] これによって、気候変動による地球温暖化現象は抑制され、脱炭素社会を目指す国際合意に向けて前進するかと思われた。しかしそれ以降、カーボンニュートラルは、理不尽なロシアのウクライナ侵攻によってかき消され、言葉ばかりがむなしく飛び交い、実質的な脱炭素社会に向けた取り組みはまったく置き去りにされている。なぜなら、持続可能な範囲をどこに置くかは、それぞれの国の立ち位置によって利害に落差が生じ、全世界で共通した目標を掲げるには、余りにも多くの宿題が残されているからである。そこが民主主義の難しさである。

アジャイル・ガバナンスは民意をすくい取れるか

社会的な活動規範を定める時、民主主義は、その決定に多くの時間とコストがかかる。しかし、権力者が意思決定の迅速化を旗印に、多くの意見を無視して自己に便益をもたらす方策のみを押しつけるのでは、民主主義は、名ばかりになる。近年、この弊害を改善するため、SNSを利用して、インターネット上の議論や投票によって政策や予算を決めていくアジャイル・ガバナンス（Agile Governance：機敏な統治）といわれる手法が登場してきた。[23] 経営の意思決定や会計基準の設定に関しても、SNSに加えてAI（Artificial Intelligence）やDX（Digital Transformation）といった様々なIT（Information Technology）によってビッグ・データを活用していけば、経営トップや一部の大株主のためだけの株主資本主義ではなく、従業員や取引先、顧客や一般の株主の意見までも汲み上げる健全な市民主義社会の実現も可能になる。[24] 経営に重要な意思決定に自らも加わっているという実感が持てるなら、自分たちで決めたルールは絶えずチェックされ守られて、会計倫理・道徳もまたうまく機能していくことが期待される。

5　会計倫理を担保する企業統治

法令遵守と企業統治

会計学の領域において（企業）倫理が実務上で問題になるのは、すでに指摘したが、企業統治《コーポレート・ガバナンス》のあり方と独立した監査人による厳格なＫＡＭの設定とその履行においてである。小野武美は、わが国で制度的な枠組みができ上がる以前の市場では、基準や制度に制約されない株式会社の設立実務がなされていたと捉えている。明治初期における商法公布（1890）以前では、資本市場が未発達であったため、企業は、ごく一部の華族や地主といった有力者によって非市場的方法で設立されていた。そのため、出資者の多くは、企業経営に意欲も能力もない分配を期待するだけのレントナーに過ぎず、企業統治とは無縁の世界にいた。こうした状況下で投資集団をまとめ上げ、株式会社を合本組織として公共的な組織に作り上げていったのが渋沢栄一であったという[25]。その後徐々に、企業統治の重要性が取り上げられてくる。

1990年代以降、国外からの圧力によって株式相互持合の解消が進行すると、これまでの親会社中心主義に代わって、ものいう外国人投資家や国内の機関投資家が新たな大口の株主となる。さらに、21世紀を迎えて金融資本主義（株主資本主義）が世界を席巻すると、伝統的な会計学は、これまでの実現利益の計算よりも投資利益率（ROI）や自己資本利益率（ROE）に大きな関心を示し、企業価値を重視し株主利益を第一とする会計へと変容していく[26]。しかし、歴史が教えてくれるように、会計の原点は、信頼性にある。情報提供機能を第一とする会計学は、その情報の信頼性を担保するため、一方では企業統治を他方では会計監査を演壇に登場させてくる。会計倫理観の実務上の適用である。

倫理や道徳は、本来個人の心情に帰する規範的な問題であるが、実践的には、法的規制がわれわれの社会生活において組織や団体の行為、活動に有効に作用する。会計学の分野では、企業すなわち法人や個人事業主、あるいはヘッジファンドといった大株主の会計行為の中に現れる。こうした企業活動における法令遵守《コンプライアンス》を徹底させる実務的かつ具体的な方策が企業統治と外部監査であり、より重要なのが企業従事者の倫理観の自覚である。

南海泡沫事件と会社法の制定

少し時の歯車を巻き戻すことにする。すでに触れたが、産業革命期のイギリスは、フランス等の列強諸外国との重商主義競争に打ち勝つため、新たな市場（植民地）獲得に向けて多くの企業ならびに企業家の育成を急務とし、一般の投資家から多額の資金を調達し、重商主義世界で打ち勝てる企業の急速な育成に迫られた。そのためには、何よりも資金の調達が不可欠である。どうすれば多くの一般の人から投資を誘発できるのか。あの忌まわしい南海泡沫事件《サウス・シー・バブル》（1720）の呪縛を解き放しつつ、投資の安全性と有利性を如何にして周知させることができるのか。失われた信頼の回復に腐心する。その結果取られた方策が、第一に、会社法を制定（1844）し開示して、法的に安全性と有利性を保証することにあった。具体的には、貸借対照表と損益計算書の作成を義務づけ、前者によって安全性を、後者によって有利性を担保しようとした。貸借対照表の作成は、1844年法で義務づけられたが、損益計算書の作成は、1922年法まで待たねばならない。しかし、実務的には損益計算書も収益勘定表や収支計算書という名のもとで、貸借対照表とほぼ同時期に登場している[27]。

投資誘引のための第2の方策は、会計の専門家による財務諸表の第三者チェックである。この専門家集団としてスコットランド勅許会計士協会（ＩＣＡＳ）の前身である会計士協会がエディンバラで設立されるのが１８５３年であり、翌年には国王より勅許を受ける。世界最初の会計士協会の誕生である。彼らの監査によって、会計の信頼性が後押しされることになる。１８８０年には、イングランド・アンド・ウェールズ勅許会計士協会（ＩＣＡＥＷ）が国王より勅許を受け、ロンドンに事務所を開設する。19世紀のイギリスを襲った経済的な大不況が、破産法と関連しながら、職業会計士の登場に少なからざる影響を与えることになる。１８６２年の会社法では、官選清算人の職が設けられ、これに会計士が任命されている。[28]

なお、世界最初の監査報告書は、チャールズ・スネル（1670-1733）がイギリス最初の首相ロバート・ウォルポール（1676-1745）のもとで１７２１年に作成した南海会社の贈収賄事件に関する報告書であったといわれている。[29]

変貌する会計監査

19世紀を迎え巨大な株式会社の出現に伴って投資活動が活発化してくると、投資の安全性を確認するため、その判断材料に用いる財務諸表や会計帳簿の信頼性について、会計の専門家の決断を仰ぐことになる。こうして、会計の専門職の団体が１８５３年にエディンバラで設立され、翌年10月に国王より勅許を受ける。これが世界最初の公認会計士協会であるのは、先に述べた通りである。

他方アメリカでは、イギリスからの移民であるW・H・ヴェイシーが1866年に会計事務所を開設する。1882年に会計協会が組織され、アメリカ公認会計士協会（AICPA）の前身であるアメリカ公会計士協会（AAPA）が1887年に設立されている。イギリスと同様、会計専門職による会計帳簿の監査である。

こうした会計士協会生成当初の監査の中心は、帳簿の記帳上のミスや計算上のミスといったいわゆる会計監査が中心であった。しかし、現代の監査は、企業の対外的な信頼を向上させるために、会社法や金融商品取引法で整備が義務づけられた内部統制システム監査が重視されている。また、リーマン・ショック（2008）を受けて監査に対する批判が高まり、証券監督者国際機構（IOSCO）やEU、イギリスでも監査報告の変革に向けた議論が加速されたといわれている。[30]こうした背景の下で、2018年7月に「監査基準の改訂に関する意見書」が公表され、様々な視点から監査報告基準の改訂と監査報告書の拡張が図られた。

それに加えて、2021年3月期から、一部を除く金融商品取引法の適用会社に対して、KAMの監査報告書への記載が求められた。発生当初と比較して、監査に対する信頼のあり方が大きく変貌を遂げてきた。しかし、如何に法的な規制を強めても、それでもなお会計不正を根絶させることは、難しいといわざるを得ない。最終的には、罰則の問題ではなく不正には加担しないという強い心の問題である。企業人の自覚、倫理観・道徳観の問題なのである。

内部統制システム監査とＫＡＭの充実

かといえども、多発する会計不正の防止を倫理観に委ねて、黙視するわけにはいかない。それなりに不正抑止のための法整備が必要になる。いうまでもなく、会計上の監査には会計監査の他に業務監査がある。単なる記帳上のミスや不正をチェックするだけではなく、経営執行者が法令や定款に違反していないかを監査していこうというのである。会計上の不正抑止のためには、こうした業務監査を欠かすことはできない。

その結果、企業の不祥事を未然に防ぎ、損失を回避して信頼を確固たるものにするための社内統制システムとしての内部統制システム監査と実務的にチェック可能な項目を具体的に記したＫＡＭが監査報告書に導入され、２０２１年3月決算から金融商品取引法で法制化されるに至った。それによって、信頼を確保するための監査報告書への情報量は格段に整備・拡張され、テキストマイニングの活用により会計倫理の問題がさらに重要な位置を占めるに至ってくる。[31] ＫＡＭとは、監査人が職業的専門家として特に重要と判断した事項を指しているが、これによって、これまでの機械的に行われていた財務諸表に対する信頼性のチェックが厳密に行われるようになったといえよう。

ＫＡＭは、国際監査基準ではすでに２０１６年から導入されているが、その背景は、リーマン・ショックをきっかけに、会計士の立場からではなく利用者の視点から監査人に厳密な情報を開示させることが契機になったといわれている。しかし、たとえ厳格な監査項目が設定されたとしても、監査人の独立性が担保されず、その判断基準に抜け穴があれば監査すること自体に意味がなくなる。また、如何に厳密な基準が設定され、それに添った監査がなされたとしても、被監査対象が会社ぐるみで意図的に不正を行えば、外部の会計士が不正な会計処理を摘発することは極めて困難になる。ここにこそ、力による外からの強制規制ではなく、経営者や経理担当者、あるいは投資家の内からの倫理観が重要になる根拠が存するのである。

ＳＥＧｓと持続可能な生態系目標

法令遵守のための企業統治や監査による倫理観の担保は、企業やステークホルダーのためだけではない。経済的格差の是正や地球の温暖化現象に歯止めをかけ脱炭素社会を目指すためにも、またエネルギー不足が深刻化する中で再燃してきた原子力発電の是非に関わる問題についても避けて通れない大きな課題である。私は、豊かで平和で自由な民主的な社会を構築するために、第

3章で述べたように、SDGsに代わるSEGs（持続可能な生態系目標）を提案したい。このSEGs（Sustainable Ecosystem Goals）は、経済成長一辺倒ではなくまたその全否定でもない、開示情報信頼性アプローチを基軸に、秩序ある開発を前提にした地球上の生態系のための脱炭素社会《カーボンニュートラル・ソサエティ》を目指す理念である。

　提案の原点は、会計学がその誕生以来、歴史的かつ本質的に内在させている信頼性への回帰にある。信頼性の根幹は、日常の社会経済生活における倫理観・道徳観にある。この倫理観・道徳観を共有するためには、外的な強制力を持った法的な罰則を伴う規制に依拠するだけではなく、各自の社会人としての自覚と公正で偏りのない考え方を育てる教育に待つしかない。しかし、教育は、一歩間違うと両刃の剣になりかねない。自己意識が形成される以前に、幼児期から偏った特定の価値観や考え方が刷り込まれると、取り返しのつかないことになる。また、いくら高き理想を掲げたとしても明日の支払いに窮した時、人は、「車一杯に充ちた美しい可能性よりも一握りの『確実性』を選ぶ」[32]傾向が強い。悲しい性であろうか。悪しき声に惑わされず、踏みとどまる勇気が欲しい。

6　おわりに

会計学研究における倫理の重要性

　資本主義経済体制のもとでは、好むと好まざるに関せず、利益の追求は、法則性として横たわる。会社を大きくしたい、いい車や素敵な家が、便利な電化製品が欲しいといった物質的な欲望は、ある段階で飽和する。しかし、お金（利益）に対する執着には限りがない。ひとたび利益追求に向かって動き始めた歯車は、止《とど》まることを知らない。

　こうした際限のない人間の欲望や不条理な行動に歯止めをかけるのが倫理であり、道徳である。個人や企業が社会的な役割を果たすために、自らが決めた約束事や共通の秩序を遵守し、健全な（経済）社会を支えていくのが倫理であり道徳である。これこそが経営に携わる者にとって如何なる厳しい規制や罰則よりも重要になる。この倫理観の根柢にあるのが公平性であり相互の信頼である。信頼関係の確立こそが社会的存在である人としての道《みち》であり理《ことわり》なのである。企業の利益計算構造を担ってきた会計学は、多くの法律や基準によって社会の約束事を決め、企業家は、自ら課した規制によって活動することが求められる。まさしく「人間の学としての会計学」が強く自覚されなければならない。

会計学で幸せを勝ち取れるか

この人間の学が倫理学であり、その基軸が功利・幸福である。それは同時に、公平あるいは信頼、正義や徳を意味し、いずれも自由で民主的かつ幸せな生活を送る上での大前提である。この幸福な生活の基盤を支えてきたのが経済であり、経済の根幹にある会計なのである。ただ厄介なのは、幸せというのは、ある意味では主観的であり、必ずしも客観的・普遍的な物差しでは測れない点にある。時代や社会が作り上げた幸福感は、人によって異なり、時空が異なれば公共意識や功利の考えもまた異なるのであろうか。

われわれが功利を論ずる時、快楽と苦痛の比較が基盤になるが、両者は、個人の受け取り方によって異なる。しかし、人倫の理《ことわり》としての倫理は、どのように時代が移り政治経済体制が変動しようとも、変わるものではない。なぜなら、倫理とは人が人として生きていく上での繋がりであり、履践すべき「すじみち」だからである。社会の経済活動を支えている会計学にとって、倫理観や道徳行為は、すべての人が納得でき、自覚的に規律し実践し守るべき約束事・原理原則でなければ用を成さない。平時ではなく極限状況に追い込まれた時にこそ、人は、共同態の根柢を形成する社会的な秩序、提供する情報の信頼性や公平な成果の分配などといった倫理・道徳観を思い起こすことが重要になる。とりわけ、利益の追求という底なし沼に分け入る会計に携わる者は、このことを肝に銘じなければならない。

1　信太［１９７２］6頁。
2　和辻［２０２１］10－17頁。
3　信太［１９７２］6－7頁。
4　信太［１９７２］7－8頁。
5　ニーチェ著、木場訳［２０２０］17－19頁。
6　信太［１９７２］25頁。
7　信太［１９７２］27頁。「時間」については、渡邉［２０１９c］61頁を参照。歴史は本質的に現在の歴史であり、物理的な絶対空間ではなく歴史的な動態として成立している。
8　信太［１９７２］13頁。
9　ヴェーバー著、大塚訳［２０１５］55頁。
10　ヴェーバー著、大塚訳［２０１５］３２０頁、３２７頁。
11　ヴェーバー著、大塚訳［２０１５］１２１頁。
12　ヴェーバー著、大塚訳［２０１５］３４４－３４５頁。カルヴィニズムの中心思想は、キリスト者の救いをその職業労働と日常生活の中で確証していくところにあるが、ルターの場合は、この考えが後退している（ヴェーバー著、大塚訳［2015］124頁）。

13 信太［1972］136頁。

14 信太［1972］11頁、141頁。

15 伊藤［2006］15頁。

16 ニーチェ著、木場訳［2020］26−32頁。

17 児玉［2021］44頁。

18 児玉［2021］83頁。

19 ラトゥーシュ著、中野訳［2020］34頁。

20 渡邉［2022a］118頁。

21 阪他著［2020］12−14頁。

22 渡邉［2022a］120−121頁。

23 日本経済新聞2022年2月1日、朝刊1面。

24 すでに30年以上も前に、高寺は、これに類似した形態を参加的経営情報システムとして推奨している（高寺［1988］38−48頁）。

25 小野［2021］2−4頁。

26 小野［2021］124頁。

27 渡邉［2019a］102−119頁。

28 渡邉［2020］134−135頁。

29 渡邉［2020］128−130頁。

30　林編著［2019］1頁。

31　松本［2022］1－2頁。近年KAMの導入によって監査の分野で良く用いられるテキストマイニングとは、SNSや情報誌、あるいは口コミ等によって発せられる膨大な文書情報を様々な角度から分析して、監査報告書の作成に有用な情報を提供する技術を指す。KAMの事例分析については林編著［2019］を参照。

32　ニーチェ著、木場訳［2020］25頁。

第5章 倫理は会計を救えるか

「人間がどんなに利己的なものと想定されうるにしても、あきらかにかれの本性のなかには、いくつかの原理があって、それらは、かれに他の人びとの運不運に関心をもたせ、…かれらの幸福を…かれにとって必要なものとするのである。」

スミス『道徳感情論』

1　はじめに

会計学の生成と会社法の制定

16世紀末から18世紀にかけて、欧州各国は、こぞって富の蓄積（利潤獲得）に全力を傾け、イギリスでもまた、トマス・グレシャム（1519-1579）、トマス・マン（1571-1641）やオリバー・クロムウェル（1599-1658）等によって重商主義政策が強力に推し進められた。こうした国の経済活動を支えてきたのが企業であり複式簿記であった。17世紀にはカーペンター、ダフォーン、コリンズ、リセット、ブラウン、モンテージ、コリンソン等、18世紀を迎えるとキング、マギー、マルコム、ウエブスター、デフォー、ハットン、ヘイズ、メイヤー、ドン、ダウリング、ハミルトン、ゴードン等々によって、数え上げればきりがないほどの簿記書が出版されている。後年、明治期から大正期にかけて、わが国でも富国強兵策のもとで数多くの簿記・会計書が相次いで出版された状況に類似している。それだけ簿記・会計学は、国の経済に欠かすことのできない学問領域なのである。

13世紀初頭のイタリアで記録・計算を中心に公正証書に代わる文書証拠として誕生した複式簿記は、19世紀のイギリスで情報開示を第一義とする会計学へと進化していく。産業革命期に林立する株式会社は、多くの資金を調達するために財務諸表を作成・開示し、投資の安全性と有利性を担保しようとした。南海泡沫（1720）を経験したイギリスは、二度とこうした悲劇を繰り返さないために、公的な規制を設ける。それが１８４４年に設立された会社法であり、１８５４年の勅許会計士協会の設立であった。会社法で貸借対照表の作成・開示が義務づけられ、１８５６年法の付表Bでその雛形が呈示された。第70条では、少なくとも年1回、株主総会前3カ月以内に過年度の収支計算書を株主総会に提出しなければならないとしている。結果の側面からだけではなく、原因の側面からの情報提供も義務づけたのである。

貧困を会計学は救えるか

しかし、どんなに厳しい規制が設けられても、資金調達のために事実を改ざんする者は、必ずや出てくる。この歯止めになるのが勅許会計士による監査であり、経営者としての倫理観・道徳観である。とりわけ、行き過ぎた金融資本主義のもとで拡大する経済的格差を是正するためには、適正な分配が不可欠になる。かつてピケティは、このまま富の一極集中が続けば、トップ10％の富裕層が世界の富の72％を有し、最下層50％は、全体の2％の富しか所有できなくなると警告を発したのは、すでに述べた通りである。[1] 経営活動に従事し、巨額の富を獲得したごく一部の経営者が、その利得を自社の社員や社会に如何に分配・還元するかは、各自が持つ人としての倫理観に委ねられている。

倫理・道徳の問題を科学の分野に持ち込む時、必ず論点になるのが、そこに内在する主観性、相対性、特殊性である。この問題を如何にして客観的、絶対的、普遍的なものにするのかが倫理・道徳を経済学や会計学といった科学の分野に取り込む時の課題である。本章では、17世紀以降のイギリスで登場する倫理思想の変遷過程を追尾しながら、この難題を揚棄して、倫理・道徳が行き過ぎた金融資本主義のもとで失いつつある会計の信頼性を今一度取り戻すことができるかについて検討していくことにする。

2　近代イギリスにおける倫理観

17・18世紀のイギリスの経済事情

倫理・道徳の問題は、個々人それぞれが持つ価値観、それまでの生立ちや教育あるいは宗教などによってどうしても個別的、主観的かつ相対的になりがちである。こうした倫理や道徳が科学の分野に馴染むのであろうか。会計倫理を科学としての会計学の一分野に包括させるためには、それを主観的、相対的、個人的、特殊的な領域から客観的、絶対的、社会的、普遍的な領域に昇華させることが前提になる。そのため、ここでは先ず手始めとして、17世紀から19世紀に至るイギリスの思想家や経済学者の間で倫理・道徳の問題がどのように取り扱われていたのかを追尾していくことにする。

先ず17世紀から見ていく。17世紀イギリスは、チューダー朝最後のエリザベスI世（1533-1603）の死によって王位を継承したジェームズI世（1566-1625）とその子チャールズI世（スチュアート朝）の治世によって幕が切って落とされる。30年戦争（1618-1648）やピューリタン革命

（1642-1649）、クロムウェルの改組（1657）にチャールズⅡ世（1620-1685）の王政復古、さらに加えてペストにロンドン大火（1666）とまさに「17世紀の危機」と呼ばれる激動の時代であった。経済的にも概して危機の時代であったといわれている。[2] しかし、東インド貿易は、そうした状況下においても続けられ、18世紀初頭には消費経済の多様化に伴いアジアの物産に対する需要も高まり、危機的な状況も徐々に収束に向かい、イギリスは、ヨーロッパ大陸諸国とは異なり、必ずしも経済的には不振という状況ではなかったとの解釈もある。[3]

いずれにせよ、長引く戦乱や政変、災害による社会不安のもとで、荒みゆく人心に人としてのあるべき心を取り戻し、持ち続けることを説くため、多くの思想家や経済学者が倫理・道徳の問題を取り上げている。マルティン・ルター（1483-1546）の宗教改革（1517）が引き金になって始まった30年戦争（1618-1648）は、まさに人間の生き方、あり方、神との関わりにおける倫理観を問いかけた戦いでもあった。

ホッブズの主張する倫理観

この時代に倫理・道徳の大切さを主張したのがトマス・ホッブズ（1588-1679）の『リヴァイアサン』（1651）である。彼は、自然法を道徳の基礎に置き、人が生きていく上で必ず直面するのが自然や社会制度との闘いであり、その軋轢の中で辿り着く先に平和（善）への願いがあると考えた。平和への志向は、正義、公平、慈悲や徳を願う心でもある。この自然法を守るためには、誰もが従う強制的な共通の力が必要になる。そのため、国家《コモンウェルス》が生まれ、法のもとで約束事を守る善悪の尺度としての市民法が設けられた。[4] 会計学の領域においても同様の動向が生じ、守るべき約束事、すなわち商法や会社法、あるいは今日でいえば金融商品取引法に会計原則や会計基準といった法整備が次々となされていく。経営者として取引に携わっていると、知らず知らずのうちに、こうした商業上の規定や約束事、従業員・利害関係者に対する公平性あるいは徳の心が身についていく。これが自然法であり、経営上の善悪の判断基準になっていく。

しかし、ホッブズが主張する倫理観・道徳観の根柢に位置する善悪は、人々の合意によって成り立つため、相対主義ないしは主観主義に過ぎないとの批判がなされた。それを受けて、リチャード・カンバーランド（1632-1718）やジョン・ロック（1632-1704）は、同じく自然法ながらもそこに客観性の導入を試み、道徳の普遍性を唱えた。[5] カンバーランドは、人に幸福をもたらすのは仁愛すなわち共通善であり、この共通善が幸福の源であると見做した。ロックもカンバーランドと同様、自然法を道徳の基礎として位置づけ、非主観的なものとして捉えている。

ヒューム、スミスに代表される感情主義の倫理観

中世末期から近世初頭にかけてヨーロッパで生じた最大の出来事は、新たな国家の出現である。この絶対王政もイギリス名誉革命（1688）やフランス革命（1789）によって市民階級が勝利をもぎ取り、（近代）自然法も国家中心の社会観（絶対王政）から国家以外の社会観（市民社会）へと変容することになる。経済的にはギルド的封建経済から資本主義経済への移行として捉えられている。[6]

ロックのように自然法を道徳の基礎と位置づけると、道徳的な判断が理性や知性によって客観的になされることになる。いわば、倫理・道徳の客観化である。この主張に対してデイビッド・ヒューム（1711-1776）やアダム・スミス（1723-1790）は、本来倫理・道徳が由来するのは人間が天性として持つ感覚や感情であると主張した。こうした主張は、感情主義あるいは道徳感覚学派と呼ばれている。その他にも、近代自然法の著名な思想家として、バールーフ・デ・スピノザ（1632-1677）、シャルル・ドゥ・モンテスキュー（1689-1755）、それにジャン＝ジャック・ルソー（1712-1778）等が挙げられている。[7]

3　経済人としての利己心と会計倫理

スミスの主張する利己心と自愛心

大河内一男によると、スミスがいう経済学の基調をなしている人間は、「経済人」的な人間ということになる。スミスの『道徳感情論』（1759）や『国富論』（1776）の登場前までは、利益の追求という経済行為は、「人間活動の中で最も価値の低いもの、最も下賤でひん斥されなければならない人間本性だと思われて来た。こうした人間本能の利己的性情は、すなわちスミスの『利己心《セルフ・インタレスト》』ないし『自愛心《セルフ・ラブ》』は、それが自由に放任される場合には、一面では生産が向上し、他面ではそれを契機にして、スミスのいわゆる『経済自然のなり行き《ナチュラル・コース・オブ・シングス》』が実現するものだと考えられた。そしてこの『経済自然のなり行き』は、生産の上昇と分配の調整とを招来しながら、人間の経済生活の上での一定の秩序ないしは法則性を生み出すものであり、そして『経済学』の課題はまさにこのような秩序なり法則性を探り出すことにあった」[8]。このテーゼは、経済学の計算構造を実質的に支える会計学にもそのまま当てはまる。利益追求、利益極大化への飽くなき利己心とそれがもたらす公共への貢献、利他心との間に横たわる関係性を見出すことが会計倫理学にとっても大きな課題である。

人間は、本来利己心と利他心の二つを持ち合わせている。スミスは、経済人が持つ利己心が「見えざる手」に導かれて経済を繁栄させ、社会の調和と経済の繁栄をもたらし、人と人との健全な関係を成立させ、経済生活における予定調和を実現させると考えた。しかし、すべての階層の人にそれを期待するのは、現実的でない。スミスは、貴族、領主、僧侶や大地主、富裕商人に代表される旧特権階層と牧師、法律家、医者、文人、音楽家等に代表される中産階級（中等階層）を区別している。後者の利己心の中に矛盾を解消する勤勉、節約、慎重、敏活、質素、周到といった要素が兼ね備えられ、それを徳性と考えた。この徳性が人間に倫理観をもたらす道であると捉えたのである。[9]

利己的欲望は社会性を持つか

しかしながら、今日の度を過ごした金融資本主義経済の下では、利己心が必ずしも利他心を伴うとはいい切れない。単に企業家の利益追求心を増幅させ、獲得した成果を独り占めさせている感が拭えない。分配を通して発現する利他心は、どこか遠くに追いやられてしまっているのであろうか。

少し補足すれば、ホッブズは、理性の命令系統としての自然法が各個人の自己保存と平和を念じる欲求・欲望の基盤になり、個人の善悪の判断基準になると考え、国の基準になるのが市民法であるとした[10]。さらに、社会生活を進めるに当たっての善悪の判断基準は、人の本性の中にある利己主義にあるとしている。人は、自己保存を最大の目的とし、それに向かう行為を善とし、この行為は、同時に他人にも向けられる。その結果、自己への愛は、善意や慈愛として他者にも向けられることになる。

見方を替えれば、スミスと同様、利己的な欲望は、同時に利他的な欲望、すなわち社会性を持っているというのである。利己的と思われる人間行為の中にも利他的といえる倫理観・道徳観が存在し、利己的行為が相対的、個人的ではなく社会的な意味を持つことになる[11]。しかし、世界で最も富裕な26人の資本が世界人口の半分を占める貧困層38億人の総資産に等しいという現実に直面すると[12]、単純に利己心が利他心にも向けられるからといって、トリクルダウンを信じて、喫緊の課題である飢えや貧困に苦しむ状況を放置するわけにはいかないのである。具体的には、企業成果の分配やそれらを規定する種々の法律や基準の問題について、目をそらし、頬被りするわけにはいかない。

4　利己的情念と利他的情念の関連性

倫理・道徳の相対主義からの脱却

近代自然法によると、国家は、社会契約の上に成り立っている。しかし、「近代自然法の理論的構造は自然状態─社会契約の形を採っているのであるが、アダム・スミスはこうした国家形成論・社会成立論に対して反対の立場を表明し、批判を加えている」[13]といわれている。スミスは、市場において自由競争が行われる条件として、すべての人が正義の法を順守する必要性を説く。正義の法とは、隣人の生命と身体を守り、自己の所有権と所有物および個人の権利を守る法であり、正義を「大建築の全体を支持する主柱である。もしそれが除去されるならば、人間社会の偉大で巨大な組織は、一瞬に崩壊して諸原子になるにちがいない」[14]と捉えている。利他と利己の一体化である。しかし、正義の法を順守し自己の財産や権利も主張すると同時に、他者に対しても自己と同様の権益を与えようとする意識や具体的な行為をすべての人に期待するのは、現実的ではない。

倫理・道徳に内在する相対主義に対して、その客観性を主張したのがカンバーランドである。彼は、人は生まれながらにして自己愛（利己心）だけではなく仁愛（利他心）も持っていると主張する。自然法を客観的なものと捉え、倫理観・道徳観における相対主義を否定している。[15]しかし、この自然法が常に守られるとは限らない。それを可能にするためには、時として、強制的な罰則を伴う力が必要になる。この共通の力が法（市民法）なのである。すなわち、この市民の法こそが道徳を相対性から脱却させることができる手法ということになる。[16]

ホッブズやバーナード・マンデヴィル（1670-1733）は、人間を利己的な存在と捉えたが、アンソニー・シャフツベリ（1671-1713）やフランシス・ハチスン（1694-1745）は、人間は生まれながらに仁愛や情愛という情感を持っており、本来的に利他的で社会的な存在であると主張している。[17]利己心あるいは自己愛は、人の日常生活や商業活動においても常に潜在し、人間の行動を規制することになる。

奇麗な服を着たい（衣）、美味しいものを食べたい（食）、立派な家に住みたい（住）といった物欲や名誉欲や権力欲は、単に利己的な活動に止まらず、自己愛の延長線上で他者から評価されたい、困った人を助けたい、社会に還元したいという情感を生み出し、自己愛が自ずと利他愛にまで及ぶというのである。企業家もできるだけ多くの利益を獲得したいという利己的な欲望が結果的には、雇用や消費や納税、あるいは名誉欲を通して社会への還元に繋がるというのであろうか。

だとすれば、利己心・自己愛は、結果的には利他心・他者愛と同化することになる。

共感が倫理・道徳を客観化に導く

スミスが『道徳感情論』（1759）で取り上げた問題は、広く市民社会（文明社会）あるいは近代社会（商業社会）において、「自由で平等な利己的諸個人の平和的共存が、権力の介入なしにどのようにして可能[18]」になるかにあった。スミスは、人間の日常生活、経済行為における道徳ないしは倫理の重要性を説き、他者の存在や考えを是認し、他者との「共感《シンパシー》」（同感）すなわち同胞意識・同胞感情を所有することを中心に据えて、人間が自己愛を超えて有徳になる過程について論じている。[19]まさに、和辻哲郎や信太正三が、人間社会の繋がりを正常に維持していくために、社会の秩序と共同態の信頼、すなわち各自の倫理こそが何よりも必要だとするのと共通しているといえよう。有徳への過程は、他者との共感によって生まれ、利己が利他と一体化し、個人の主観的・部分（個人）的・特殊的な自己愛的行動が客観的・全体（集団）的・普遍的な行動に同化される筋道を指している。スミスに従えば、この共感の意識が倫理観・道徳観を客観化に導いていくことになる。

こうした理念を会計行為の中に持ち込めば、どのように解釈できるのであろうか。企業活動によって得た利益は、資本提供者や経営者の手腕の結果であるが、同時にそれは、従業員あってのことである。そこに経営者と従業員との間に共感が生まれると、成果の適正な分配が期待される。また人は、多くの富を手にすると、自ずと名誉欲や虚栄心、あるいは良心が生まれ、そこから慈悲や博愛心が派生してくると見なすこともできる。その結果、多額の納税や消費だけではなく、寄付や社会貢献を通して富が広く社会に還元されることになる。利潤の極大化志向という利己的行為が自ずと利他的行為と同化・共感する。その結果、個人的、主観的、相対的な倫理観・道徳観が全体的、客観的、絶対的な枠組みに塗り替えられることになる。しかし、現実には、理論通りにいかないのが常である。すべての企業人にこうした利他的行為を期待することは、非現実的といわざるを得ない。

5　経済学の倫理観と会計の場の現実

人間社会における秩序と道理

会計の利益計算構造を支える複式簿記は、13世紀初頭の中世イタリア北方諸都市で、公正証書に代わって債権債務の文書証拠としての役割を果たすために誕生した。そこでは、帳簿記録の正確性や信頼性あるいは公平性が重視され、その両者を担保するためには、何にもまして経営者や会計責任者の人柄や信頼感、彼らが持つ幼少・児童期から備わった倫理観・道徳観が問われることになる。

倫理観・道徳観についてはすでに前章で述べたところであるが、倫理とは、客観的には人間の社会態の成り立つ如何なるところにも存在し、かつ存在すべき道理である。主体的には、社会の構成員である人間がそれぞれ自己を自覚的に規律し、履践すべき筋道を指している。また別の視点からは、倫理とは、人間が共同態の一員として存在し、人と人との間を繋ぐ道であり、人間共同態の秩序や道理であるといえる。では、この人間の道は、会計行為の中でどのようにして実現させることができるのであろうか。その答に先立って、スミスの説く倫理観を今少し掘り下げることにする。

スミスの倫理観

スミスの倫理観は、先にも述べたが、人間に備わった共感《シンパシー》（同感）にあるといわれている。『道徳感情論』の冒頭で、人間は、どんなに利己的な生き物であってもその本性の中には他人の運不運に関心を持ち、彼らの幸福を見ると快楽を感じる感情、情動《エモーション》を生まれながらに持ち合わせているという。[20] 他人から共感を得ようとして、知らず知らずのうちに自身の心の中で良心が頭をもたげ、自己愛を抑止するというのである。利己心と利他心の共存であり、これこそが人が生きていく上での自然法なのである。こうして、一方的な自己への愛（慎慮）を自己規制《セルフ・コマンド》することによって他者への愛（仁愛）と共感させ、人は、有徳になっていくという。果たして、すべての人にそれを期待することができるのであろうか。会計行為においても自然にこうした情感が生まれてくるのであろうか。

多くの経営者は、自己の物質的欲望を達成するために、利益の極大化を追求する。それと同時に、彼らには、名誉や社会的な地位を得たいとの思いから、知らず知らずのうちに博愛精神にもとづく思いやりや同情といった、他人から共感を得たいという心情が生じてくる。この共感が給与の増額や労働環境の改善などを通して、自己愛を他者愛（仁愛）へと突き動かすことになる。偏った自己愛から生じる物欲が結果的に需要を喚起し、経済の活性化や分配を通して社会に還元することにもなる。いわば一時期いわれたトリクルダウンであろうか。しかし、そのような行為を倫理的行為と位置づけるには違和感が伴う。自社利益の極大化のみを志向し、下請けからの納品価格を下げさせ、従業員への分配も極力抑え込み、自己の取り分や生き残り、自ら所有する株式の配当比率を高めることのみを志向する経営者も残念ながら跡を絶たない。すべての人に有徳であることを期待するのは、いささか無理がある。

信頼を補強する倫理観・道徳観

この現実的矛盾の穴埋めをするために採られている方策が法律による強制的な規制である。具体的には、商法、会社法、金融商品取引法等々の強制力を持った法律であり、その法律の下で作成される様々な会計原則、会計規定や（国際）会計基準である。そして、法律や基準に違反していないかをチェックするのが監査である。近年特にKAMを取り入れた会計監査や業務監査の重要性が取り上げられ、コンプライアンスとかコーポレート・ガバナンスという言葉をよく耳にするようになった。

しかし、どのように厳格な法律や基準を設定したとしても、必ずやそれをすり抜け、あるべき会計の場を土足で踏みにじる事態が生じてくる。こうした行為に歯止めをかけるのが倫理観・道徳観である。しかし、両者は、個々人の価値観によって異なり、あくまでも主観的で恣意的な拘束との印象を与え、すべての人に他者を思いやる仁愛や価値観を期待することは、難しいといわざるを得ない。さらに問題なのは、時の法律や制度は、得てして強い立場の人によって制定され、弱い立場の人の意見が必ずしも反映されない点である。法制度の制定に当たっては、弱き立場の人の意見を如何にして組み入れるかが重要になる。この一つの解決法が、本書の第4章第4節で述べた、アジャイル・ガバナンスなのかも知れない。

では、こうした主観的で恣意的な倫理観・道徳観に一定の客観性や論理性を付与するためには如何なる手法が考えられるのか。先送りにしていたが、その答えは、自由と民主を前提にした幼少・児童期からの倫理学や道徳哲学に関わる教育にある。倫理学とは人間関係すなわち人が生きていく上で欠かすことのできない共同態の根柢を形成する秩序や道理を明らかにする人間の学である。いわば、人が真に人になるための道である。

利益追求という誘惑の底なし沼に立ち入る経営や会計に携わる者は、こうした教科を履修し、倫理・道徳が人間社会の共同生活において如何に重要であるかを幼少・児童時より修得することが不可欠である。これによって、単に法律や制度による強制力に依拠するだけではなく、自らの自発的な意思によって、企業活動や市場を本来の姿、あるべき方向に導くことが望まれる。これこそが、会計学の信頼性を担保するのに欠かすことのできない要素なのである。

6　おわりに――相対性からの脱却

倫理を総体的、客観的、普遍的な領域に

人類は、今から遡ること500万年前から、その誕生と同時に経済人として生きてきた。経済活動の根源は、狩猟や農耕を通した物と物との交換にあり、手に入れた食物や生活に必要な物の保存・貯えにある。こうした経済行為が会計行為を伴い、時を経て商業資本の勃興と共に利潤の獲得行為を生み出す。その必然の結果として、複式簿記が文書証拠と損益計算を担って誕生し、時を経て会計学へと進化していく。その結果、経済行為のあり方や様々な規制は、簿記処理や会計理論に直接的にして大きな影響を与えてきた。

ただ会計学が厄介なのは、目標とする終着駅が際限のない利益追求にあるという点である。経営学においてもしばしば、企業の目的は、極大利潤ではなく適正利潤の追求にあると教えられてきた。しかし、適正という捉え方は、極めて曖昧で個人によって大きく異なる。その目標額を定めることなど至難の業である。企業活動にとって重要なのは、単なる利益追求ではなく、獲得し

た付加価値の分配にある。肝心なのは、どこにどれだけの分配をするかである。

分配に先立って行われる最初の行為は、損益計算における誤りや不正の有無の検証にある。経営内部からのチェックである企業統治《コーポレート・ガバナンス》と外部からのチェックである会計監査であり、何よりも大切なのが法令遵守《コンプライアンス》の精神である。こうした不正を許さない、不正を行わない精神によって、最低限の計算上の誤謬や法的な不正の防止が担保される。しかし、こうした法や良心にすがるだけでは、自ずと限界がある。如何に厳格で多くの人が納得できるチェック・システムを作り上げたとしても、悲しいかな、そうした網を潜り抜け、意図的に不正を働く者が現れてくる。不正を無くすためには、法的な規制だけでは限界がある。そこで登場するのが人として生まれながらに持つ他者への共感による仁愛や徳の精神の発掘・育成である。

倫理を担保するのは幼児童期からの適正な教育

いうまでもなく、人間は一人では生きていけない。「人間が人間として何らかの社会的な共同存在（Mitsein）を生きるかぎり、そこに人倫の理法たる何らかの道徳が在り且つ在らねばならぬ[21]」ことになる。会計倫理の存在の意義が必然になるのである。

しかし、たとえ倫理・道徳が共同態の中で人として生きていく上での道であったとしても、そこでもまた、それを守らない、守れない人が出てくる。この状況を如何にして乗り越えていくのか。その柱となるのが思想的偏向のない倫理・道徳教育にある。一面でそれを担ってきたのが、自由と民主を前提にした倫理学や道徳哲学であり、それらを幼少期あるいは児童期からの教育に組み込むことによって、社会における共同態の構成員としての自覚と責任を育てていくことが、残された道である。それは、古来からの自然崇拝であり、キリスト教やイスラム教、仏教といったさまざまな宗教の教えであったのかも知れない。そこに、会計学を単なる情報提供技法ではなく、また偏った価値観に支配されるものでもなく、真に社会科学としての会計学に揚棄させる道が残されている。

---

1 渡邉［2021b］201–205頁。
2 近藤［2016］第5講を参照。
3 松井［1999］177頁。
4 柘植［2020］9頁。
5 自然法は、人間の行為を理性の戒律と捉え、国家のない自然状態では、人は自らの生命を守るために戦い、戦を通して平和への意識が高まり、こうした状況下で自然発生する自己保存や平和への希求の想念を自然法と捉えている。ホッブズは、自然法を道徳の基礎と考えた（柘植［2020］5–6頁、10–11頁）。

6 大道［1965］115－117頁。
7 大道［1965］114頁。
8 大河内［1965］144頁。
9 大河内［1965］149－151頁。
10 柘植［2020］6－9頁。
11 柘植［2020］132－133頁。
12 渡邉［2022a］204－205頁。
13 大道［1965］122頁。
14 スミス著、水田訳［2015a］224頁。
15 柘植［2020］11－12頁。
16 柘植［2020］296－297頁。
17 柘植［2020］143－158頁。
18 スミス著、水田訳［2015a］3頁。
19 柘植［2020］48－49頁。
20 スミス著、水田訳［2015a］23頁。
21 信太［1972］8頁。

第6章 会計倫理と会計教育

「学校における道徳的教育のもっとも重要な問題は、知識と行為に関するものである。というのは、通例の教育課程の中で生じる学習が性格に影響しないならば、道徳的目的を、教育を統一する最高の目的と考えることは無益だからである。」

デューイ『民主主義と教育』

1　はじめに

幼児童期の自然教育と学校における制度教育

アメリカの哲学者ジョン・デューイ（1859-1952）は、「生物と無生物との間の最も著しい差異は、生物が更新によって自己を維持するということである。……生物は、生存しているかぎり、自己自身のために周囲のエネルギーを利用しようと務める。……［そうした行為は、］生物がそれらを自己保存の手段へと変えるということなのである」[1]と述べている。経営に行きづまった時、倒産の危機に直面した時、経営者が粉飾に手を染めるのは、経営者の自己保存のための本能的手段ということになるのであろうか。経営者が自らの生存を意図する限り、囲まれた環境を自己保存のために利用し変革しようとするのは、誰も止めることのできない自然のなり行きなのであろう。

さらにデューイは、人間が生存していく限り、生存に必要な知識や技術や慣行を修得するためには、教育が必要になるという。教育こそが、社会において生命を維持していくために不可避な要因であるという。人は一人では生きていくことはできない。共同態における社会的な秩序や道理を学習しなければ、存在そのものが成り立たなくなるのである。もし教育を放棄すれば、人類は、その生命を中止しなければならなくなるというのである。[2] とりわけ、幼児童期における初期教育は、自己形成過程において、極めて重要である。

教育の原点は倫理と道徳

ここでいう教育は、今日われわれがいう様々な学術的な知識を得るための修学を意味するだけではなく、人が生きていく上での最も根源的な叡智の学習を指している。もちろん、単なる生存のための知恵だけでは、集団の生命を再生産していくには不十分ではあるのはいうまでもないが。こうした観点から見ていくと、教育の原点は、倫理・道徳と同一になる。なぜなら、倫理とは人間関係、すなわち人が生きていく上で欠かすことのできない共同態の根柢にある秩序や道理を指しているからである。そして、それを明らかにするのが倫理学なのである。[3] 会計上の倫理を論ずる時は、教育の問題を避けて通ることができない根拠がここにある。

本章では、会計というわれわれが生きている社会の共同態の中で、その一員として守っていかなければならない最低限の必要不可欠な会計上のルールを担保する倫理観・道徳観、ならびにその両者を熟成する教育のあり方について、先哲の叡智に依拠しながら、論じていくことにする。

2　デューイの教育論と倫理観

デューイの教育論

デューイは、すべての人が単に生存するだけではなく真に生きていくためには、日々の生活の中から学び取る教育と制度的かつ計画的に施す教育とは、分けて考えることが必要だという。前者の教育は付随的なもので、教育にとって最も重要なのは子供への教育であり、子供たちが共同生活に参加できるように、学校教育に代表される制度的な訓練を受けさせることが不可欠であると論じている。[4]

問題は、この制度教育をいつの時点から始めるかにある。さらに重要なのは、日々の生活の場から学び取る対象の親や兄弟といった近親者が持つ、人としての倫理観・道徳観それ自体にある。その上で、人が人として生きていく上での共同態の一員としての最低限のルールを、制度的かつ意図的に学校という場において、個々の学科教育によって学び取ることが重要になる。しかし、企業社会における会計の場では、幼児教育というわけにはいかず、できれば児童期から始めるのが好ましいが、一般的には成人してからの教育になる。重要な経営や企業の規定を若き新入社員が単に先輩社員の言動や慣習あるいは感情的変異を見て学ぶのではなく、法令遵守《コンプライアンス》のための制度的な約束事、すなわち企業統治《コーポレート・ガバナンス》や会計基準あるいは監査対象となるＫＡＭなどを制度的に学んでいくのがまさに会計教育であり、企業倫理なのである。しかし、どれほど厳格な制度や罰則を設けても規定を守らないものが発出するのもまた世の常である。強制的な法規制にもとづく企業倫理の限界であろうか。人としての倫理観の熟成には、幼児童期から節度ある自由で民主的な思考を基盤に据えた教育が求められる根拠が、ここにある。

養育と環境の関係

この教育は、当然のことながら、各自が置かれている環境に大きく依拠している。なぜなら、「社会的環境は、一定の衝動を呼び醒まし、強化し、また一定の目的を持ち、一定の結果を伴う活動に、人々を従事させることによって、彼らの中に知的および情動的な行動の諸傾向を形成する」[5]からである。芸術家の家庭で育った子供やスポーツ選手の家庭で育った子供たちは、彼らが持つ素質に幼少時からの家庭環境が不可避的な刺激を与えるであろう。二世議員や経営の二世後継者にも同じことがいえるのであろうか。同じ環境下で育った人が同じ世界に何らかの形で参加する、ないしはさせられるという無意識的な影響は、不可避といえるであろう。

他方、児童期から教育する制度的学校教育にも問題があるという。その欠陥は、現実と乖離した抽象的で論理的な思考に陥りやすくなりがちなことである。そのため、「教育哲学がとりくまなければならない最も重要な問題の一つは、教育のあり方の、非制度的なもの（生きていく上で自然に身につく知識—渡邉注）と制度的なもの（学校教育等で教えられる知識—渡邉注）との間の、付随的なものと意図的なものとの間の、正しい均衡を保持する方法である」[6]。しかし、各個人の性向の素地は、学校教育とは無関係に社会生活の中で生じる現象や業務によって形成されることが多い。こうした状況下では、意図的な学校教育がなし得る範囲は、社会生活によって形成された諸能力を解放し、各自の持つ能力を十分に働けるようにすることに限定されるのかも知れない[7]。

乳幼児期の環境と児童期の学校教育

その意味では、幼児期から恵まれた環境下で、経営者としての素地を、たとえ無自覚的にしろ、習得できる場に置かれていることは、成長してからの経営学や会計学の専門的な教育を受けるのと同程度に重要になる。児童期からの学校教育は、単に知的な影響を与えるだけではなく、道徳的性向にも多大な影響を与えることに留意しなければならない。

デューイは、学校教育の役割として、次の三つを挙げている。すなわち、①複雑な現代社会を正確に理解して、精神的性向の一部にするのは至難であるため、そうした環境を単純化して提供すること、②現存する環境下では多くの価値のない慣習や知識が存在し、心的習性に悪影響を及ぼすため、それらが心中に入り込まないように取り除くこと、③自己が生まれた狭小な社会集団から脱出して、広い社会と接触する機会を与えること。[8]

しかし、学校教育を享受できるのは、６歳の頃からである。これ以前に受ける乳幼児期の教育は、家庭やそれを取り巻く社会においてなされる。「三つ子の魂百まで」という諺があるが、もし乳幼児期に非倫理的な価値観や倫理観が刷り込まれたとすれば、そうした非社会性は、児童期以降の学校教育によってどこまで修正ないしは補正されうるのであろうか。

会計教育の大切さ

デューイは、教育によって学ぶことの大切さを、単なる知識の吸収ではなく、知識の構築、表現、創造に求めて、倫理観を培うことに置いている。単なる利己的な知識を得るためではなく、社会的な貢献に力点を置いているのである。すなわち、知性的で科学的なものと道徳的で感情的なものとを一体化させようとしている。いわば、「道徳的な思慮を学びのプロセスに繋ぎ、それを習慣の形成へと繋ぐのは、活動的な学びのなかに含まれる『有機的で倫理的な関係』がその成果に付随してあらわれるときである」[9]と論じている。

また、彼によると、科学は、われわれの日常生活の中で経験する認識的要素の結実であり、しかもそれは、単に個人的あるいは習慣的な経験によい印象を与えるものを述べるだけに満足しないで、ある信念の根源や根拠や帰結を明らかにするような叙述を目指すものであるという。そうした情報を提供するのが科学であるが、会計学でも明らかなように、そこには複雑な仕訳や国際会計基準といった、まったくわけの分からない非日常的な専門用語が羅列されている。そのため、日常生活における通常の情報と比較すれば、毎日の生活観にはほど遠い、味気なくて面白くないものになっている。

しかし、会計学が教える内容がいくら面白くなく難解なものであったとしても、科学としての会計が教養課程の中で果たさなければならない役割は、われわれが国際社会の中で経済生活を送る上で必要不可欠なものである。どのような分野においても、純粋に科学的な役割を果たすためには、日常的な経験によって部分的で一時的に体験した事件から自らを解放し、個人の習慣や好みという偶然によって曇らされない知的展望を開くことが重要になる。[10]そうすることによって、社会という共同態の中で生きていくための手法を学び取っていくことができる。それが教育であり、それによって身につくのが人としての徳であり、社会人としての倫理観・道徳観なのである。

3　会計教育の効果と限界

会計教育が必要とされるわけ

経営者にとって会計的知識が欠かせないのは、いうまでもない。「会計を知らずして経営ができるか」という著名な経営者が発した箴言は、余りにも有名である。親族のみで経営する組織体は別にしても、多くの一般的な経営組織は、様々な思考を持った人の集合体である。そのため、統一された経営目的を遂行するには、ある程度の幅を持ちながらも均一的で均整の取れた目的やそれを実行するための組織や環境の整備が前提になる。こうした考え方は、会計目的にもそのまま適用される。この共通の均整の取れた統一的目的を達成するためには、教育が欠かせないものになる。単に被雇用者のみならず、雇用者にとっては、より一層重要になる。

しかし、それぞれの異なる組織体では、それぞれの目的を有しているため、一つの国の価値観を国際的な組織全体に押しつけることはできない。すべての国に共通する規定なり基準が必要になる。会計の場においても、然りである。それぞれの国には独自の商法や会社法や金融商品取引法、あるいは税法といった各種の細部にわたる法律や基準が存在している。しかし、経済活動における国際化が進行すると、各国が自国の状況に合わせて独自に規定した法や基準を、異なる思考を持つ他の国に押しつけることはできなくなる。各国が納得できる共通の法や基準が必要になる。それが国際会計基準（IAS）、すなわち国際財務報告基準（IFRS）なのである。

新入社員を組織体の中で一人の成熟した企業人として育成していくためには、たとえ会計に直接関わる職域ではなくても、基礎的な会計の知識が必要になる。国際社会で活動する成熟した会計人としての基礎知識の習得が最初に課せられる仕事である。いわんや、直接会計分野に関わる職種ではいうまでもない。この国際社会で共通する基礎知識は、各自が所属する国内基準の単なる伝達だけで継承されるものではない。また、こうした基準は、組織の中で自然に身につくものでもなく、企業内における活動基準が環境を媒介にして形成されるものである。会計教育の効果が実質的に発現されるには、組織体における共同活動の意味を熟知することが前提になる。

教育の三つの要素（指導、統制、補導）

人が企業という共同態における一員として活動し、企業人あるいは会計人としての経済行為を通して自らの存在意義を発揮するためには、会計人として合理的で納得できる共同態の秩序や道理を尊重して、自らが目指す目的を実現させることが重要になる。それが企業倫理・道徳であり、それを育むのが教育である。

教育は、指導《ディレクション》、統制《コントロール》、補導《ガイダンス》の三つの要素を含むといわれている。人は、生まれつき個人主義的で利己的な性質を持っている[11]。そのため、結果的には非社会的な時として反社会的な傾向を生み出しかねない存在にもなる。こうした非社会的な行為を引き出す、生まれ持った性格に歯止めをかけ、共同態の一員としての公共心を育むのが教育なのである。教育には、先の三つの要素を含んでいるため、必然的に規制《レギュレイション》が求められる。その結果、当然のことながら反作用も出てくる。問題は、この反作用が人としての自由で民主的な思考・行動の規制に対する抗議であるのか、単に社会の円滑な活動に反発する利己的で、非社会的な行為に過ぎないのかによって、大きく異なるところにある。もし、教育の効果もなく後者のような人が、たとえ一部の人であれ生じるのであれば、成人してからの指導や統制や補導といった社会教育あるいは企業教育だけでは、限界がある。なぜなら、幼児期に植えつけられた自己中心的な行為や思考を、成人してからの教育によって是正させるには、大きな困難が伴うからである。家庭教育だけではなく、児童期からの正しい教育（共同態における利他心の育成）が必要になる根拠がここにある。

企業内での利己心と利他心の葛藤

利己心を国が管理し、画一的で統制された社会をよしとするならば、規則によって人々の活動を厳しく監視する専制主義的、教条主義的社会を構築することが早道である。しかしそれでは、人の心が、人としての自由で民主的な生き方が抹殺されてしまう。そうならないためには、当事者相互の適宜性を踏まえた共同態の秩序ある約束事、決まりを一般の構成員によって作成し、しっかりと守っていくことが必要になる。企業の特色のある個性的な展開と成長のためには、共同態としての規律ある範囲内で、他企業と差別化された個性的な独自の展開を果たしていくことが欠かせない。それぞれの企業内での雇用者と被雇用者間での利己心と利他心のバランスが極めて重要になる。

企業における個々人の利他心は、企業教育によって培われる。一つは、入社してからの社内の新入社員教育であり、今一つは、先輩社員との接触の中で見よう見まねで覚える自然教育である。しかし、この世に生を受けた時からの家庭やその地域の環境下での乳幼児期に身についた慣習や価値観、あるいは倫理観は、後の教育によって上書きすることが可能なのであろうか。究極の選択を迫られた時には、乳幼児期の記憶がよみがえり、その時期に知らず知らずのうちに育成された倫理観・道徳観が大きく影響することもある。学校教育や企業教育によって与えられる社会や企業といった共同態において、自主的に修得する共通の倫理観・道徳観と乳幼児期に自動的かつ受動的に植えつけられる倫理観・道徳観の両者が日常生活の価値判断の場でどのように関連して行動に移されていくのかは、個別的な問題で答えはないのかも知れない。そこに、古くはプラトンやアリストテレスにゼノン、あるいは近くではスミスのいう適宜性《プロポライアティ》、慎慮《プルーデンス》、仁愛《ベネヴォレンス》、あるいは正義《ジャスティス》が的確に判断する能力、すなわち理性を形成し、統治する能力を動かしていくことになる。問題は、乳幼児期に非理知的で非社会的な価値観を身に着けてしまった時、そうした倫理観が事後の教育によってどこまで修正できるかである。厳しい罰則だけでは限界があるのは、すでに現実が実証済みである。この非社会的（時として反社会的）な行動を抑制できるのは、人として生来身についている共同態の一員としての倫理観と事後の教育によって社会化された叡智である。

4　スミスの説く道徳感情論

偏った知識を有効な知識に転換する術

幼児期に形成される倫理観・道徳観は、親の教えや他者の行動の模倣から形成され、この模倣が各自の幼児教育の基盤になり、倫理観・道徳観の基礎になる。その意味では、幼児期にどのような共同態や組織体に所属して生活していたかが、倫理観の形成にとって重要な要因になる。幼児期の非社会的あるいは反社会的行動は、その行動範囲が限定され、経験によって得られる知識もまたそれほど多くないため、児童期以降の教育によって、彼らが持つ興味の対象を拡大させ、精神に与えるプラスの刺激を強くすることによって、ゆがんだ価値観・倫理観を解消させる糸口にすることができる。新たな教育によって、興味の対象が増加し、それによって幼児期とは別の共同態への参加を促し、正常な精神への発達を助長させることができるのである。

新たな共同態への参画は、保育園、幼稚園、学校や就職等によってなされ、学校教育や社会教育といった新たな共同態の場で得た様々な知識が、幼児期に得た倫理観・道徳観に加味され、時には修正されて人間性、すなわちその人の「徳」の形成に大きく影響を与えることになる。学校教育や企業教育によって是正された幼児期の偏向した倫理観は、企業という共同態における社会生活を軋轢なく過ごすための倫理観・道徳観を熟成していくことになる。ただし、注意しなければならないのは、一方的な受動的学習に依存する時は、特定の偏った知識を植えつけられる恐れが生じる点にある。こうした状況を回避するためには、現在の生活環境、企業環境の中で進行している教育を、現実の生活の場の中で検証することが欠かせなくなる。われわれの日々の生活の中から社会的な意識を排除すれば、大学によって専門的な知識を獲得することができるかも知れないが、せっかく手にした知識や能力を有益な目的に向かわせることができなくなってしまうこともある。[12]

教育の画一化とスミスの『道徳感情論』における徳

教育も見方を変えれば、国家やそこを統治ないしは支配している権力者の意向に沿った画一的な方向に導かれてしまう恐れが絶えず内在している。アダム・スミスが「近代社会において、自由で平等な利己的諸個人の平和的共存が、権力の介入なしにどのようにして可能かということ」について論究したことは、よく知られている。人間が如何に利己的であっても、一人では生きていくことはできず、社会という共同態の中でしか生きていけない現実のもとで、スミスは、利己的な意識の相互認識ないしは相互同感《シンパシー》の中、利己心を利他心と同体化させるための解決の糸口を見出そうとした。商業社会における現実の階級格差を認めながらも、いわゆる「見えざる手《インビジブル・ハンド》」によって、可能な限り拘束のない平等原則を貫こうとしたスミスの思考が展開されている。この考えが『国富論』の、そしてその思考の礎になった『道徳感情論』における倫理観、とりわけ第6版で顕著になる「徳《バーチュー》」の基本になっている。[13]

『道徳感情論』の最大の特質は、「心理学的方法を駆使して道徳の原理を明らかにすることを意図した『道徳心理学（moral psychology）』の書物である点に基本的特色を持つ[14]」といわれている。この道徳《モラルズ》・倫理《エシックス》の根幹をなす徳《バーチュー》は、他者に対する適宜性、慎慮、仁愛の三つによって構成されている。いわば、徳は、社会という共同態で生活していく上での良俗の条件を指していることになる。徳は、乳幼児期からの生まれ育った家庭や近隣、友人から受ける幼児教育、児童期に学校教育で受ける受動的教育や友との遊びを通して得る知識、青年期に高等学校や大学教育で受ける積極的教育、社会人になって受ける企業教育等々によって培われていく。

徳を構成する適宜性、慎慮、仁愛

人という生き物は、極めて弱く不完全で厄介な存在である。日々の生活において様々な誘惑が常に待ち受けている。正常時には理性的に対応できていた事案や事象も、自らに被害が及ぶ時には、これまでに培ってきた道徳心や徳の心は、いとも簡単に打ち壊されてしまうことがある。倒産の危機や自らの社内での権威や地位が危うくなった時、そうした立場にいる経営者や財務担当者は、つい不正な会計処理に手をつけてしまう。他者から良く思われたい、是認（共感）されたいといった願い、富を背景に形成されてきた社会的地位を担保する良心や徳が、偏った自己愛のもとであっという間に瓦解してしまう。

他者から称賛されたいという気持ちが真に有徳になるためには、如何なる手法が有効なのか。スミスは、『道徳感情論』第6部「道徳哲学の諸体系」（第六版では第7部）で、徳の本質は、三つの異なった種類に帰着させることができるという。それは、適宜性《プロポライアティ》、慎慮《プルーデンス》、仁愛《ベネバランス》の三つであり、[15]これらを実践していくためには、自己規制《セルフ・コマンド》が重要になる。「完全な慎慮、厳格な正義、適切な仁愛の諸規則にしたがって行為する人は、完全に有徳であるといわれていい。しかし、それらの規則についてのもっとも完全な知識でさえも、それだけではかれを、このようなやり方で行為できるようにはしないだろう。かれ自身の諸情念は、ひじょうにかれを誤り導きやすいし、かれ自身が自分のまじめで冷静な時間のすべてにおいて是認しているすべての規則を侵犯するように、ときにはかれをおいやり、ときにはかれを誘惑しがちである。もっとも完全な知識でさえも、もしそれが、もっとも完全な自己規制によってささえられていないならば、かならずしもつねにかれを、自分の義務をはたしうるようにはしないだろう[16]」と自己規制の重要性を説いている。多くの社員とその家族、さらには社会を支えている企業経営者にとって、利益獲得という際限のない誘惑を断ち切り、適正な成果の獲得を目標にして、公正な分配や社会への還元を実現するには、それまでに培われた自己規制の精神が何よりも重要になる。

倫理・徳における適宜性の重要性

徳を形成する要素として先の三つを上げたが、中でも注目しなければならないのが適宜性（その場の状況に完全に符合している状況）である。なぜなら、人は誰しも一人では生きていけない。また、生きていく限り、働いて糧を得なければならない。たとえ個人企業といえども、物を生産しサービスを提供して対価を得る限り、社会との繋がりを断絶して生きていくことができないのはいうまでもない。組織体の中で状況に適合して生活していかなければならないからである。それが適宜性《プロパライアティ》であり、徳の根幹をなす三つの中で最も重視しなければならない要素である。そのため、対象との適合性が社会生活において、倫理観を育成する基盤になり、慎慮や仁愛の心を教えてくれるのが教育ということになる。

つけ加えていうならば、スミスのいう適宜性とは、当事者の本源的情念と観察者の同感的情動とが協和する状況を指し、その地点における行為や感情を是認する原理を測る尺度とし、位置づけられている。観察者が当事者と立場を交換して、当事者の感情の中に入り込み、共通の感情を共有することができる点に立った時、当事者の行為や感情に対して道徳的に是認できる状態を適宜点と呼んでいる。共同態の一員として企業社会の中で生きていくわれわれにとって、同僚や取引先との適宜点を見出すことが、取引相手や企業内での信頼関係を構築し、取引を成立させ、企業を発展させる大きな要因になる。適宜点の発見が企業の内外で互いを思いやる倫理観の育成にとっても極めて重要になる。

相手の立場に立つことの大切さ

取引を想定した時、売り手は買い手の立場に立ち、企業という組織内では、雇用者は被雇用者の立場を理解し、両者の期待ないしは望むべき適宜点を見出すことが、企業倫理にとって極めて重要になるのは、繰り返し述べている通りである。こうした行動やふるまいの正確で完全な適宜性が正義と呼ばれる行動になり[17]、それを実行する企業人が徳を有する人、すなわち倫理観を踏まえた信頼できる人なのである。

経営者は、多くの成果を上げて経営者としての社会的評価を得たい。従業員は、その成果の獲得に貢献して社内における自らの評価を上げたい。こうした経営者の利己心が投資家に利益を還元し、法人税や所得税の納付によって社会に還元する。また利益の分配を通して、成果が従業員に報酬という形で還元され、その結果、家庭生活に豊かさと心の安寧をもたらす。経営者は、利益を獲得して会社を大きくしたい。経営手腕を認めさせて、社会から高い評判を得たい。そうした行為の結果、従業員への給与の増額や納税、あるいは企業成果の社会への還元を通して、利己心だけではなく利他心をも同時に充足させていく。経営者は社会や社員から、従業員は同僚や家族から信頼を得て、経営者としてのまた家庭の柱としての評価と徳を得ることになる。企業活動における行為が人としての徳を生み出し、倫理観を育んでいくことになる。こうした企業活動が企業内教育という形態を継承することによって、企業内でのひいては社会全体の倫理観を形成することに繋がっていく。

5　倫理・道徳と教育の必要性

富と徳と尊敬の関係

本書の第4章で述べたところであるが、会計学の研究対象は、損益計算にある。今日の行き過ぎた金融資本主義のもとでは、金銭（利益）に対する執着心は、際限なく拡大していく。経済活動によって獲得した成果（利益）は、現実にはその大部分が経営者や大株主の取り分となり、ごく一部の成果の分配にしか与ることのできない従業員や一般の投資家との経済的格差は、拡大していくばかりである。お金を多く稼いだ富裕な人が人格的にも優れており、清貧にあえぐ貧しい人が人間的にも劣っているという、何の根拠もなく事実とは相容れない認識が拡散しているようにも思われる。非正規社員やパート、失業者や年金生活者との経済的格差は、尋常とはいえず、格差が差別や犯罪や紛争の温床になっていく。

　こうした状況は、すでに２５０年も前に、スミスが『道徳感情論』（1759）の第6版（1790）において、次のように指摘している。「富裕な人びと、有力な人びとに感嘆し、ほとんど崇拝し、そして、貧乏でいやしい状態にある人びとを、軽蔑し、すくなくとも無視するという、この性向は、……われわれの道徳諸感情の腐敗の、大きな、そしてもっとも普遍的な、原因である。富と地位とは、しばしば英知と徳だけにふさわしい尊敬と感嘆とをもって見つめられ、悪徳と愚行だけが固有の対象であるあの軽蔑が、しばしば不当に貧困と弱さにあたえられる、ということは、あらゆる時代の道徳学者たちの、不満であった[18]」という。

　さらに続けて、「われわれは、しばしば、世間の尊敬にみちた注目が、英知のあるもの、徳のあるものに向かってよりも、富裕なもの、地位あるものに向かって、強く向けられるのを見る[19]」。しかし、「値うちと徳とからきりはなされた、たんなる富と地位とがわれわれの尊敬にあたいするということは、善良な風俗《モラルズ》にとって、あるいはおそらく善良な言語にとっても、めったに同意できることではない。……社交界の人の不品行は、いやしい状態の人のそれよりも、はるかに少ない軽蔑と嫌悪をもって見られる。後者にあっては、節制と適宜性の諸規則をひとつでもふみこえると、前者がそれらの規則を恒常的に公然と軽蔑したどんなときにうけるよりも、多くの憤慨をうけるのがふつうである[20]」と述べている。残念ながら、これが動かしがたい現実であり、絶対的矛盾である。

デューイの民主主義と教育観

所得格差による貧富の差や富によってもたらされる不条理が身分や地位・階級の差を生み出し、それによって人格やその人の徳にまで差があるような錯覚を植えつけてしまう。こうした一般的な誤った解釈を是正し、真に徳を備えた倫理観・道徳観を持つ人と単に富によって名声を得た人とを識別できる正当な判断力をつけるには、共同態において統一された価値観を共有するための家庭教育、地域社会教育あるいは学校教育や企業教育が欠かせない。教育によって身に着けた客観的で正当な判断力が各個人の倫理観として形成されることにより、誤った価値観が植えつけられることを防ぐことが望まれる。

こうした矛盾をとき離すために、デューイが児童期からの学校教育の必要性を説いたのは、すでに述べたとおりである。学校は、小さなコミュニティーであり、発達の芽を宿す社会であり、子供たちにとっては特に重要な建設的で創造的な場であり[21]、共同態で社会生活を送るための倫理観・道徳観を育てる重要な場所になるのである。

第三代アメリカ大統領トマス・ジェファーソン（1743-1826）は、教育を民主主義社会にとって必要不可欠なものと位置づけ、その権限を州や地方政府に委ねている。マサチューセッツ州教育委員会の初代事務局長ホーレス・マン（1796-1859）は、無償で共通の教育を提供するコモン・スクールを構想し、誰もが平等に教育を受けられる州の義務教育法を1852年に制定している。[22]福沢諭吉（1836-1901）の手によるわが国最初の洋式簿記の翻訳書『帳合之法』は、初編が1873年に、二編が1874年に出版される。原本の *Bryant and Stratton's Common School Book-keeping*（1871）は、その名の示す通り、コモン・スクールの簿記の教科書としてニューヨークで出版されているのである。[23]

簿記の必要性は、この時代においてもしっかりと認識されていたことが分かる。アメリカのコモン・スクールで上梓された複式簿記に関する著作が、日本の企業社会においても、極めて重要な学問領域であることを十分に理解させることができたのであろう。日本の近代化にとっても、複式簿記や会計学の必要性が認識され、学校教育を通して広く普及させることが急務と考えられていたことが伝わってくる。福沢が明治の初めに翻訳上梓した『帳合之法』は、明治期の日本企業の近代化思想にとって、いわばバイブル的な役割を果たしていたといえる。とても印象深いところである。

デューイの主張

デューイが民主主義社会において教育、とりわけ学校における初期教育の重要性を主張したのは、社会生活を送るために必要な能力が教育によって培われ、その能力を発展させる教育は、すべて道徳的でなければならないという点にあった。したがって、道徳的教育は、「社会的に必要な個別の行為をなすだけでなく、成長に欠くことのできない連続的な再適応に興味をもつ性格をも形成するのである。生活のすべての触れ合いから生じる学習への関心は、本質的な道徳的関心なのである」[24]とデューイは締めくくっている。

彼の主張は、まさしく、人として如何に生きるか、如何に充実した生活を送るかにある。デューイは、学校教育によって、あるいは社会に出てからの企業教育によって、乳幼児期に受けた各家庭における個別的な価値観や生き方を社会という共同態の中で適応できる倫理観・道徳観に修正していく民主主義社会における教育の必要性を主張したものといえる。そこにわれわれは、現代社会で生きる一員としての自覚を持ち、最低限守らなければならない社会倫理・企業倫理、その延長線上にある人としての倫理観・道徳観を育て、かつ守っていかなければならない。

6　おわりに

教育の意義と必要性

教育の意義は、個人と環境を相互に適応させる習慣を身につけさせるところにある。重要なのは、適応するというのが単に外的な環境を受け入れ自己を環境に一致させるという受動的なものではなく、固定的な環境自体をそれぞれの時代における社会に応じて変容させる能動的な一面も有している点を認識することである。刻々と変容する経済社会に、共同態の一員として恥ずべきことのない企業人としての倫理観をもって、参画していく。そこにこそ信頼性を第一義として誕生した複式簿記、会計学の神髄があり、会計教育の真の意義があるといえる。

自分勝手な自己主張を繰り返すのではなく、社会の中で適応できる適宜性に富んだ考え方を広く説くところに、企業教育、会計教育の意義が存するといえよう。古くから多くの思想家、哲学者、経済学者や社会学者が倫理・道徳や教育の必要性を説いてきたのは、人は、決して一人では生きていけない存在であり、絶えず共同態の一員としての人間のあり方、生き方、いわば人間の本質を見つめてきたからである。会計学は、人間の生活の根幹を形成する経済社会の一つの大きな柱なのである。

スミスが富のあり方をめぐってモラル・サイエンスとしての経済学の本質を追究したように、会計学もまた追求する利益のあり方、獲得した利潤の分配をめぐって、人倫の理《ことわり》としての会計学の意義・あり方を考えなければならない。ただ、分配の問題は、価値判断なしに論ずるのは難しく、ある意味では科学の領域を超えた問題であるのかも知れない。社会科学としての会計学の領域で分配の問題を価値判断と切り離さずに論じることができるのは、合理的な資源配分を可能にさせる効率の問題が前提になるとの考え方もある[25]。

真の科学に求められるもの

自らをケインジアンと称する伊東光晴の言葉を借りれば、道徳科学の一翼を担う経済学は、「事実に関する知識と、人為の制度と人間性への深い理解との微妙な混合物であり、事実は制度を含め、国により社会の違いにより、また時代の変化によって異なり変わっていく。人々の考えもまた同じである。したがって、自然科学の法則のような、人間を離れて客観的に存在するものではない[26]」のである。経済学の利益計算構造を実質的に支える会計学もまた然りである。

古来、良きにつけ悪しきにつけ、歴史に名を遺した思想家や科学者は、社会に対する新しい見方、新しい知的枠組みを提起して、社会の変革に大きな影響を与えた人たちである。会計学を専攻する者にとっても必要なのは、単なる会計基準の国際化への制度解釈ではなく、社会における既存の枠組みのパラダイム転換を可能にさせる思想を提供することにある。単なる制度解釈論では何も生まれず、社会に対して真に科学革命を提供できなければ研究に従事する意味がない。換言すれば、会計学を問わず、あらゆる科学に携わる者は、われわれが生きている世界を平和で幸せな社会にし、社会の一員として安心して過ごせる新たなパラダイムを提起していく役割がある。その枠組みを提供できない科学は、存在意義がないといってもよい。こうした自覚の欠落によって、会計学の存在意義が問われることになる。これこそが会計学の喫緊の研究課題である。

1　デューイ著、松野訳［2020］11頁。
2　デューイ著、松野訳［2020］12−13頁。
3　渡邉［2022b］3頁。
4　デューイ著、松野訳［2020］19−20頁。
5　デューイ著、松野訳［2020］35頁。
6　デューイ著、松野訳［2020］23頁。

7 デューイ著、松野訳［2020］37頁。

8 デューイ著、松野訳［2020］41－42頁。

9 上野［2022］32－33頁。

10 デューイ著、松野訳［2019］59－60頁。

11 デューイ著、松野訳［2020］46頁。

12 デューイ著、松野訳［2020］71頁。

13 『道徳感情論』第1版、第6版と『国富論』における経済理論の倫理性の問題に関する相違の詳細な論点については、ここでは立ち入らないことにする。関心のある人は、田中［1997a］を参照。

14 田中［1997a］64頁。

15 スミス著、水田訳［2015b］223－225頁。

16 スミス著、水田訳［2015b］152頁。

17 スミス著、水田訳［2015b］231頁。

18 スミス著、水田訳［2015a］163頁。

19 スミス著、水田訳［2015a］164頁。

20 スミス著、水田訳［2015a］165－166頁。

21 上野［2022］46－52頁。

22 上野［2022］3－4頁。

23 渡邉［2021b］188－194頁。

24 デューイ著、松野訳［2019］246頁。

25 伊東［2006］27頁。

26 伊東［2006］23－24頁。

終章　法と倫理と教育と

「『存在するのは事実だけだ』として現象のところで立ちどまってしまう実証主義に対してわたしは言いたい。違う、まさにこの事実なるものこそ存在しないのであり、存在するのは解釈だけなのだ、と。われわれは事実『それ自体』は認識できないのだ。」

ニーチェ『遺された断層』

会計学を真に社会科学として位置づけるためには

会計の歴史を本格的に研究し始めて最初に生じた疑問は、序章でも少し触れたが、なぜ会計学には、経済学や経営学と異なり、会計史の講座がないのかにあった。会計学は、企業にとって命ともいえる損益計算を担う、極めて実践的でかつ重要な科学である。企業利益を増大させるためには、如何なる技法で対処すればよいのか、如何にすれば納税額を少なく抑えることができるのか、こういった実利性が優先され、歴史などという領域の研究は、相手にされなかったのかも知れない。

しかし、実利性や利便性、あるいは有用性ばかりを求めていると、会計学の損益計算構造を支える複式簿記を誕生させた根幹である信頼性が、置き去りにされてしまう。この複式簿記の原点にある会計行為は、経済行為と同様、人類の誕生と共に発生していた。人類の生活を支え、少しでも安定した平和で幸せで安らかな日々を過ごせるための手法として、会計行為が存在していたのは、自明の理である。

この会計行為を一個の科学として昇華させたのが会計学である。会計学は、19世紀のイギリスで複式簿記から進化して確立されるが、その複式簿記が13世紀初頭のイタリアで、公正証書に代わる文書証拠として誕生したのは、繰り返し述べてきた通りである。実践的な科学においては、経済的な事象を科学的に認識し、普遍的・体系的知識を思弁的に捉える理論構築は、時として置き去りにされ、無用の烙印を押されがちである。かかる状況から脱却するためには、先ず歴史に立ち帰る必要がある。歴史は、単なる過去の記録ではないのである。会計を単なる利益計算の技法としてではなく、真に科学として位置づけるためにも。

会計学を科学に昇華するには歴史と理論の統合が

かつてドイツの歴史家レオポルト・ランケ（1795-1886）は、歴史家の仕事は、「ただ本当の事実を示すだけである」と語った。[1] まさしく歴史は、事実の集積から構成されるものではあるが、単なる事実の羅列ではない。エドワード・H・カー（1892-1982）のいうように、「歴史とは歴史家と事実との間の相互作用の不断の過程であり、現在と過去との間の尽きることを知らぬ対話」[2]なのである。それは同時に、歴史とは、ある意味では史家による解釈であると捉えることもできる。この点に関しては、フリードリヒ・W・ニーチェ（1844-1900）のいうように、事実こそ存在せず、存在するのは解釈だけだとの批判があることは、他著で述べたところである。[3] 点在する史実の中に、歴史貫通的な人の道が横たわっていると信じて、それを明らかにするために、今しばらく追いかけてみることにする。

会計の歴史を振り返る時、会計の利益計算構造を支える複式簿記が公正証書に代わって信頼性を担保するために誕生したことは、紛れもない事実である。会計の本質は、検証可能性に支えられた信頼性にある。信頼できる情報であるが故に、その情報が有用になるのはいうまでもない。本来、信頼性と有用性は、歴史が残した双子の落し子である。複式簿記は、この信頼性を勝ち取る手法として誕生したといえる。取引記録の信頼は、取引の一方からの記録ではなく、双方からの記録の方がより信頼に値する。それ故にこそ、簿記は、単なる取引の覚書としての記録ではなく複式簿記として、公正証書に代わる絶対的信頼を担保する文書証拠として、歴史の舞台に登場することになる。

それに対して会計学とは、日常生活で生起する様々な経済事象を認識して会計上の取引とそれ以外の取引とを識別し、識別された取引にもとづき適正な測定基準によって企業損益を計算し、その結果で得た様々な情報を財務諸表によって利害関係者に提供する技法なのである。このように会計学を規定すれば、最初は認識（識別）のふるい分けの段階で、二番目は測定基準の選別で、最後の開示情報の提供範囲の段階では、その情報が利用者にとって少しでも有用になるようにと、知らず知らずのうちに情報提供者の主観が入り込む。それを避けるためには、きめ細かい基準設定が必要になる。しかしそれには限界がある。なぜなら、如何に厳格な規定を設けたとしても、必ずやその抜け道を探す者が出てくるからである。そうした不正の防波堤になるのは、上からの強力な規制と罰則ではなく、最終的には各自が持つ倫理観・道徳観に訴えるしか、他に方法はないのであろう。

倫理観・道徳観が会計学を学として生き返らせる

倫理とは、繰り返しになるが、客観的には人間の社会態が成り立つところにはどこにでも存在する道理であり、主体的には社会の構成員である人間が自己を自覚的に規律し、履践すべき「すじみち」を指している。したがって、会計倫理学は、取引という経済活動における会計上の社会秩序を順守し、人としての道に外れない経済人・社会人としての「生き様《いざま》」を規定するのが主題の学問である。時として個別的、主観的、相対的に受け止められがちな倫理の問題を、総体的、客観的、絶対的な領域にまで揚棄し、共同態で生きる人間が守らなければならない社会的な規範に止揚するのが、最大の課題である。そのためには、教育を抜きにしては、何も語れない。大切なのは、幼児期における家庭教育、児童期からの秩序ある倫理・道徳に関する学校教育であり、成人してからの社会（企業）教育である。

人は、この世に生を受けて社会の一員になった時、幼児期からの家庭教育や児童期における学校教育によって共同態社会における最低限のあり方、生き方を学んでいく。やがて成人して社会に出たとき、企業人としてのあり方を企業教育や先輩たちの行動から学んでいく。社会人として、企業社会における倫理観・道徳観を学んでいくことになる。その時に大切になるのが、取引相手や社内関係者との適宜性や相手に対する慎慮や仁愛、あるいは正義といった心遣いである。こうした社会におけるあり方が、換言すれば人としての生き方が倫理であり道徳なのである。そして、こうした倫理観・道徳観が日常生活においてごく自然に発現できるようにしてくれるのが教育なのである。

教育のあり方、学としての会計学

しかし、教育、とりわけ幼児童教育は、一つ間違えば取り返しのつかないことになる。偏った教育によって特定の教条主義的な考えが幼児期から刷り込まれることほど恐ろしいことはない。自由で民主的な精神の育成を前提にした教育でなければならない。もし乳幼児期に共同態の一員として相応しくない、適応できない不条理な価値観が刷り込まれた時は、学校における初等教育(学校教育)によって修正すると同時に、新たな知識を習得し、また社会人になってからは、社会教育(企業教育)等によって社会人として通用できる常識や新たな知識を学ぶことが必要になる。

人は生まれながらにして経済との関わりの中で生きている。成熟した経済人としてのあり方、経済を支える会計学についても、その本質が何で、如何なる役割を担っているかについて認識し、明らかにすることが極めて重要になる。その役割を果たしているのが、学校教育である。18世紀のイギリスでは、16世紀後半に誕生するパースのグラマー・スクールに併設されたアカデミーにおいて、すでに簿記の講座が開設されている。[4] また、アメリカにおいても、19世紀半ばに設立されたコモン・スクールで簿記の講座が設けられているのは、すでに述べた通りである。重要なのは、単に会計処理の方法や会計制度の解説をするだけではなく、会計人としての心のあり方を教えることこそが肝心なのである。

私が半世紀にも及ぶ会計の歴史研究の末に辿り着いた終着駅は、会計の本質が信頼にあり、信頼を担保するのが法や制度であり、その正しい履行を監査によってチェックするシステムにあるということである。しかし、これによって会計の信頼性が完全に担保されるわけではない。経営者や会計担当者の倫理観・道徳観が信頼の原点であり、この倫理観・道徳観は、学校教育による自由と民主を基軸に据えた児童期からの倫理教育、あるいは社会に出てからの社会教育に大きく依存している。人として、社会の一員として生きていくあり方を、小学校の低学年から教育していくことが必要になる。また、状況を的確に理解できる年齢になってからは、高校や大学で倫理学や哲学の講座だけではなく、会計学や経済学の講座を開設し、成熟した一人の人間として、社会との関りをどのように捉えていくかを、分かりやすく説くことが望まれる。

会計学に問われているもの

本書を締めくくるに当たって、今一度繰り返しておきたい。如何なる科学も、その成果を何らかの形で社会に還元する目的を持った研究でなければ、意味をなさない。もちろん、研究成果がうまく結実するか否かは、結果であって、それは時の運かも知れない。重要なのは、その研究目的にある。たとえ生涯をかけた研究であっても、その成果が必ず報われるという保証はない。重要なのは志しであり、研究の目的にある。

誤解を恐れずにいえば、会計学の研究にとって大切なのは、単なる会計制度の解釈や国際会計基準に適応する手法の提示にあるのではない。すべての学問は、われわれの生活を豊かにし、幸せにする目的を持ったものでなければ、存在価値はない。社会に対して、その社会を構成している人々に対して貢献できる研究であるか否かが、肝要である。われわれが安心して、平和に暮らせる社会の枠組みを創り出すことに、それぞれの科学の存在意義がある。

多発する差別や犯罪、地域紛争やはたまた戦争にまで追い込んでしまう大きな原因は、貧困や経済的格差による絶対的窮乏化に多くを負っている。国内に目を転じても、失業や非正規労働による賃金格差、いじめ（というよりも明らかに犯罪行為）や老齢化社会における様々な矛盾、若者のアパシーに政治の貧困といった解決しなければならない喫緊の課題が山積している。もちろん、努力に見合う応分の成果の分配・受領が担保されていることが前提なのはいうまでもないことであるが。

こういった社会矛盾を解決するのが科学、とりわけ社会科学の責務である。会計学もまた然りである。世界が抱える様々な矛盾を少しでも解決するために、会計学は、経済学や社会学あるいは哲学を始めとする他の隣接科学と連携して、何よりも先ず企業成果の適正な分配に目を向け、経済的格差の少ない、真に豊かで平和で生きがいのある幸せな、そして自由で民主的な社会を築くための手法を提供することが求められる。会計学の原点は信頼性にある。このことを肝に銘じなければならない。その信頼性を担保するための倫理観に道徳観、さらにはこの両者を育む教育のあり方を問い直すことが今まさに問われているのである。

1　カー著、清水訳［2011］4頁。
2　カー著、清水訳［2011］40頁。
3　渡邉［2020］12頁。
4　渡邉［2014］138–139頁。

あとがき

会計の歴史を専攻して半世紀の年月が流れ去った。上ヶ原の地で、初めて簿記の講義を受講した時、仕訳の説明の合間にはさまれた複式簿記発祥の地、ヴェネツィアやフィレンツェの古文書館のかび臭いにおい、水と花に囲まれたイタリアの美しい街並みがはっきりと記憶に刻まれた。損益計算という実務的な領域に、このような世界が広がっていることを知った時、驚きと同時にとても新鮮な気持ちになったのが想い出される。簿記については、単なる実務的な記帳技法としての認識しかなかったためか、その歴史に遡る話は、なぜなしに心に深く突き刺さった。

講義を聞く中で、最初に生じた疑問が、簿記はなぜ複式簿記として誕生したのか、なぜイタリアでなければならなかったのか、正確な記録であるなら簡単なメモのようなものでもよかったのではないのか、会計の世界ではなぜかくも不正が繰り返されるのか、なにか不正を止める方法はないのか、といった埒も無いことであった。こうした疑問を胸の内に抱えながら、大学院で会計の歴史研究に本格的に取り組んだのが、昨日のように思い出される。半世紀の時を経て、会計史という大海を彷徨する中で辿り着いた答えは、会計ないしは複式簿記は、記録の正確さと信頼を担保するために誕生したという紛れもない歴史的事実であり、正確性・信頼性は、商人たちの倫理観・道徳観に支えられているということであった。

＊＊＊

経済学を始めどの学問領域でも、歴史や倫理の問題は、極めて重要な研究対象である。会計学においても当然、重要な研究領域であるはずにもかかわらず、長きにわたり等閑視されてきた。「砂漠で小さな石を探すような研究が一体何の役に立つのかね」と。史料発掘に全勢力を傾けた会計史家の中に、こんな罵詈《ばり》を浴びせられた人もいたという。また、倫理や道徳などというのは、所詮個人の心持の問題で、科学とは相容れるものではないという人も散見された。

想い起こすと、卒業論文を書き始めた時、最初に目を通した会計史の著書がリトルトンの『1900年までの会計進化論』であった。翻訳書が出版されていることを知り、早速大学の書籍部で訳書『リトルトン会計発達史』を手に入れた。帰りの電車で読み進むうちに、自宅の最寄りの駅を乗り過ごしてしまったことが想い出される。アベ・プレヴォーの『マノン・レスコー』を読んだ時以来のことであった。

＊＊＊

半世紀にわたる歴史研究の彷徨の末、私の疑念は、経済的格差問題や分配の矛盾にまで及び、辿り着いた終着駅が本書になった。哲学なのか思想史か、経済学か社会学なのか、得体の知れない内容になってしまった。ただいえるのは、すべての学は、その成果をわれわれの生活に還元するのでなければ研究する意味がないということである。心豊かな生活、幸せで平和な社会の実現を目指さなければ、意味がない。

昨今の多発する金銭に関わる犯罪や意味のない迷惑行為、国内での覇権争いや国家間の戦争が生じている状況を直視すれば、平和とは何か、幸せとは何か、どのような生き方をすべきなのかといった自らへの問いかけが生まれてくる。今こそ、人間社会の根柢にある共同態の秩序、倫理の問題をしっかりと考え直さなければならない時である。こうした思いを引きずって書斎に籠ってきたが、その思いを少しでも読者諸氏と分かちあえることができればとの思いで書き綴ったのが本書である。うまく伝えることができたのであろうか。何か伝え忘れたことはなかったか。そんな思いに呻吟しながら、筆を置くことにする。

最後に、市場性の乏しいと思われる本書の出版に際し、こころよくお引き受けいただいた同文舘出版代表取締役会長中島治久氏、同社長中島豊彦氏、ならびに、編集上の問題や細部にわたる表現上の指摘をいただいた大関温子氏、青柳裕之氏を始め編集部各位に対して心から謝意を表する。

2023年、短夜に筆置忘れ夕餉冷め

半世紀もの長きに渡り、支え続けてくれた妻由紀子に感謝を込めて

渡邉　泉

【参考文献】

〔和文献〕

アダム・スミスの会、大河内一男編［1965］『アダム・スミスの味』東京大学出版会。

秋田 茂［2013］『イギリス帝国の歴史―アジアから考える』4版（初版2012年）、中公新書。

池上俊一［2018］『フィレンツェ―比類なき文化都市の歴史』岩波新書。

泉谷勝美［1997］『スンマへの径』森山書店。

伊藤宣広［2006］『現代経済学の誕生―ケンブリッジ学派の系譜』中公新書。

伊東光晴［2006］『現代に生きるケインズ―モラル・サイエンスとしての経済理論』岩波新書。

岩井克人［1985］『ヴェニスの商人の資本論』筑摩書房。

――［2014］『資本主義から市民主義へ』ちくま学芸文庫。

植田敦紀［2020］「米国におけるサスティナビリティ会計の展開」『會計』第198巻第5号。

上野正道［2022］『ジョン・デューイ―民主主義と教育の哲学』岩波新書。

臼田 昭［1982］『ピープス氏の秘められた日記―17世紀イギリス紳士の生活』岩波新書。

ヴァグナー、アレッサンドロ編集、伊藤博明訳［2021］『世界初のビジネス書―15世紀イタリア商人ベネデット・コトルリ15の黄金則』株式会社すばる舎。

ヴェーバー、マックス著、大塚久雄訳［2015］『プロテスタンティズムの倫理と資本主義の精神』第53刷（改訳第1刷1989年）、岩波文庫。

大黒俊二［2006］『嘘と貪欲―西欧中世の商業・商人観』名古屋大学出版会。

大河内一男［1965］「アダム・スミスにおける『人間』の問題」、アダム・スミスの会、大河内一男編『アダム・スミスの味』東京大学出版会。

大塚久雄［1969］『大塚久雄著作集第3巻　近代資本主義の系譜』岩波書店。

大道安次郎［1965］「アダム・スミスの自然法―イギリス18世紀中葉の社会思想の一齣」アダム・スミスの会、大河内一男編『アダム・スミスの味』東京大学出版会。

小野武美［2021］『企業統治の会計史―戦前期日本企業の所有構造と会計行動』中央経済社。

小野秀誠［1988］「利息制限法理の史的展開」『行政社会論集』第1巻第1・2号。

カー、E・H著、清水幾太郎訳［2011］『歴史とは何か』第79刷（第1刷1962年）、岩波文庫。

ガー、ジェームス・C著、瀧田輝己訳［2005］『会計倫理』同文舘出版。

片岡義雄［1974］『増訂パチョーリ「簿記論」の研究』増訂第2版第6刷（初版1956年）、森山書店。

上村能弘［2018］「徴利を禁ずる神の教えとファクター制度」『経済集志』第88巻第1号。

國部克彦［2017a］『アカウンタビリティから経営倫理へ―経済を超えるために』有斐閣。

――――［2017b］「会計と正義―近くて遠い関係」『税経通信』第72巻第7号。

児玉　聡［2021］『功利主義入門―はじめての倫理学』第7刷（初刷2012年）、ちくま新書。

近藤和彦［2016］『イギリス史10講』第8刷（第1刷2013年）、岩波新書。

斎藤幸平［2020］『人新世の「資本論」』集英社新書。

齋藤寛海［2002］『中世後期イタリアの商業と都市』知泉書館。

阪　智香［2021］「ESGと企業価値、将来に向けての視点」『會計』第199巻第4号。

阪　智香、國部克彦、地道正行［2020］「会計と不平等―付加価値分配率の探索的データ解析」『国民経済雑誌』第221巻第4号。

サースク、ジョオン著、三好洋子訳［1984］『消費社会の誕生―近世イギリスの新企業』東京大学出版局。

信太正三［1972］『倫理学講義』第11版（初版1959年）、理想社。

ジャクソン、ティム著、田沢恭子訳［2012］『成長なき繁栄―地域生態系内での持続的繁栄のために』一灯舎。

スミス、アダム著、水田洋監訳、杉田忠平訳［2021a］『国富論1』第25刷（第1刷2000年）、岩波文庫。

――［2020］『国富論2』第13刷（第1刷2000年）、岩波文庫
――［2021b］『国富論3』第10刷（第1刷2001年）、岩波文庫。

――［2019］『国富論4』第10刷（第1刷2001年）、岩波文庫。

――水田洋訳［2015a］『道徳感情論（上）』第15刷（第1刷2003年）、岩波文庫。

――［2015b］『道徳感情論（下）』第14刷（第1刷2003年）、岩波文庫。

高島善哉［1968］『アダム・スミス』岩波新書。

高寺貞男［1971］『会計政策と簿記の展開』ミネルヴァ書房。

――［1988］『可能性の会計学』三嶺書房。

――［2002］『会計と市場』昭和堂。

竹本　洋［2020］『スミスの倫理―「道徳的感情論」を読む』名古屋大学出版会。

田中正司［1997a］『アダム・スミスの倫理学―「道徳感情論」と「国富論」』（上巻）、御茶の水書房。

――［1997b］『アダム・スミスの倫理学―「道徳感情論」と「国富論」』（下巻）、御茶の水書房。

田中　浩［2016］『ホッブズ―リヴァイアサンの哲学者』岩波新書。

田中　弘［2019］『会計グローバリズムの崩壊―国際会計基準が消える日』税務経理協会。

柘植尚則［2020］『近代イギリス倫理思想史』ナカニシヤ出版。

デューイ、ジョン著、松野安男訳［2020］『民主主義と教育（上）』第35刷（第1刷1975年）、岩波文庫。

――［2019］『民主主義と教育（下）』第30刷（第1刷1975年）、岩波文庫。

徳賀芳弘［2008］「『信頼性』から『忠実な表現』へ変化の意味」、友杉芳正・田中弘・佐藤倫正編著『財務情報の信頼性―会計と監査の挑戦』税務経理協会。

長島伸一［1987］『世紀末までの大英帝国―近代イギリス社会生活史素描』法政大学出版局。

中村萬次［1991］『英米鉄道会計史研究』同文舘出版。

ニーチェ、フリードリヒ著、木場深定訳［2021］『善悪の彼岸』第61刷（第50刷改版2010年）、岩波文庫。

――［2020］『道徳の系譜』第77刷（第1刷1940年）、岩波文庫。

――三島憲一訳［1984］「遺された断想（1885年秋―87年秋）」『ニーチェ全集』第九巻（第Ⅱ期）、白水社。

原　丈人［2017］『「公益」資本主義―英米型資本主義の終焉』文春新書。

林　隆敏編著［2019］『監査報告の変革―欧州企業のKAM事例分析』中央経済社。

ピケティ、トマ著、山形浩生・守岡　桜・森本正史共訳［2014］『トマ・ピケティ21世紀の資本』みすず書房。

ヒルファディング、ルドルフ著、岡崎次郎訳［2002］『金融資本論 上』、第2刷（第1刷1982年）、岩波文庫。

――［2016］『金融資本論 下』第2刷（第1刷1982年）、岩波文庫。

フィッシャー、フレデリック・J著、浅田　実訳［1971］『十六・七世紀の英国経済』未来社。

フリードマン、トーマス著、伏見威蕃訳［2010］『グリーン革命［増補改訂版］上・下』日本経済新聞出版。

ヘーゲル、フリードリヒ著、上妻　精・佐藤康邦・山田彰共訳［2021］『法の哲学―自然法と国家学の要綱（上）（下）』岩波文庫。

星川長七［1960］『英国会社法序説』勁草書房。

ポーター、ロイ著、目羅公和訳［1996］『イングランド18世紀の社会』法政大学出版局。

ボワイエ、ロベール著、山田鋭夫・坂口明義、原田裕治監訳［2011］『金融資本主義の崩壊―市場絶対主義を超えて』藤原書店。

松井　透［1999］『世界市場の形成』第6刷（第1刷1991年）、岩波書店。

松本祥尚［2022］「拡張された監査報告書の情報価値」『會計』第201巻第2号。

マルサス、トマス・ロバート著、斉藤悦則訳［2017］『人口論』第2刷（初刷2011年）、光文社古典新訳文庫。

ミル、ジョン・スチュアート著、塩尻公明、木村健康訳［1996］『自由論』第38刷（第1刷1971年）、岩波文庫。

―――関口正司訳［2021］『功利主義』岩波文庫。

宮下規久朗［2016］『ヴェネツィア―美の都の一千年』岩波新書。

向山敦夫［2021］「『ESGと会計』をめぐる論点」『會計』第199巻第4号。

森田義之［1999］『メディチ家』講談社現代新書。

矢沢　潔［2021］『経済学の世界―理論を知れば明日が見える』ワン・パブリッシング。

ラトゥーシュ、セルジュ著、中野佳裕訳［2020］『脱成長』文庫クセジュ。

ランケ、レオポルト・フォン著、鈴木成高・相原信作訳［2021］『ランケ世界史概観―近世史の諸時代』第54刷（第1刷1941年）、岩波文庫。

――林健太郎訳［1994］『ランケ自伝』第7刷（第1刷1966年）、岩波文庫。

レブ、バルーク、フェン・グー著、伊藤邦雄監訳［2018］『会計の再生―21世紀の投資家・経営者のための対話革命』中央経済社。

渡邉　泉［1983］『損益計算史論』森山書店。

――［1993］『決算会計史論』森山書店。

――［2005］『損益計算の進化』森山書店。

――［2014］『会計の歴史探訪―過去から未来へのメッセージ』同文舘出版。

――［2016］『帳簿が語る歴史の真実―通説という名の誤り』同文舘出版。

――［2019a］『会計学の誕生―複式簿記が変えた世界』第3刷（初版第1刷2017年）、岩波新書。

――［2019b］「『単式簿記から複式簿記へ』の再再考」『會計』第196巻第4号。

――［2019c］『会計学者の責任―歴史からのメッセージ』森山書店。

――［2020］『原点回帰の会計学―経済的格差の是正に向けて』同文舘出版。

――［2021a］「SDGsと資本主義下における会計学」『會計』第200巻第3号。

――［2021b］『世界をめぐる会計歴史紀行―新たな地平を求めて』税務経理協会。

――［2022a］「岐路に立つ現代会計学」『企業会計』第74巻第2号。

――［2022b］「人倫の理《ことわり》と会計学」『会計史学会年報』第40号（2021年度）。

――――［２０２３ａ］「簿記はなぜ複式簿記として誕生したのか―信頼と倫理」『産業経理』第82巻第４号。
――――［２０２３ｂ］「倫理は会計学を救えるか―法と倫理と教育」『會計』第２０３巻第３号。
和辻哲郎［２０２１］『人間の学としての倫理学』第13刷（初刷２００７年）、岩波文庫。

〔欧文献〕

AAA [1966] *A Statement of Basic Accounting Theory*, Illinois.（飯野利夫訳［１９６９］『アメリカ会計学会基礎的会計理論』国元書房。）

Alvaro, M. [1974] *The Origination and Evolution of Double Entry Bookkeeping to 1440*, Part1 & Part2, Michigan & London.

Broadbridge, S. [1970] *Studies in Railway Expansion and the Capital Market in England ,1825-1873*, Guildford and London.

Bywater, M.F. and B.S. Yamey [1982] *Historic Accounting Literature: a companion guide,* Yushodo.

Defoe, D. [1727] *The Complete English Tradesman,* Vol.1, London, 2nd ed. (1st ed. 1725), reprinted 1969 in New York.

De Roover, R. [1974] *Business, Banking and Economic Thought in Late Medieval and Early Modern Europe* edited by J. Kirshner, Chicago.

Edwards, J.R. ed. [1980] *British Company Legislation and Company Accounts, 1844-1976,* Vol.1, New York.

Goddard, T.H. [1834] *The Merchant, or Practical Accountant,* New York, 4th ed. (1st ed.1821.)

Hamilton, R. [1788] *An Introduction to Merchandise*, Edinburgh, 2nd ed. (1st ed. 1777.)

Hunter, W.W. [1912] *A History of British India*, Vol.1, London, New York.
ICAEW [1975] *Historical Accounting Literature*, Mansell.
Littleton, A.C. [1933] *Accounting Evolution to 1900*, New York.（片野一郎訳［１９９５］『リトルトン会計発達史［増補版］』同文舘出版，増補５版。）
Macghie, A. [1718] *The Principles of Book-keeping*, Edinburgh.
Malcolm, A. [1731] *A Treatise of Book-keeping, or, Merchants Accounts*, London.
Mair, J. [1736] *Book-keeping Methodiz'd*, Edinburgh.
Stevin, S. [1605] *Vierde Stvck Der Wisconstighe Ghedachtnissen Vande Weeghe-const*, Leyden.
Taylor, R.E. [1942] *No Royal Road: Luca Pacioli and his Times*, USA.
Yamey, B.S. [1978] *Essays on the History of Accounting*, New York.
———— [1944] "Edwards Jones's English System of Bookkeeping", *Accounting Review*, Vol.19 No.4.

本書での修正前の初出一覧

序　章：書き下ろし
第1章：「簿記はなぜ複式簿記として誕生したのか―信頼と倫理」『産業経理』第82巻第4号、2023年1月。
第2章：「SDGsと資本主義下における会計学」『會計』第200巻第3号、2021年9月。
第3章：「岐路に立つ現代会計学」『企業会計』第74巻第2号、2022年2月。
第4章：「人倫の理《ことわり》と会計学」『会計史学会年報』第40号（2021年度）、2022年11月。
第5章：「倫理は会計学を救えるか―法と倫理と教育」『會計』第203巻第3号、2023年3月。
第6章：書き下ろし
終　章：書き下ろし

人 名 索 引

事項索引

【著者略歴】

渡邉　泉

1943年神戸市に誕生。関西学院大学商学研究科博士課程満期退学後、大阪経済大学専任講師、助教授、教授を経て、日本会計史学会会長、日本会計研究学会監事、大阪経済大学学長を歴任。

現在：大阪経済大学名誉教授、商学博士

著書：『損益計算史論』1983年 森山書店、『決算会計史論』1993年 森山書店（日本会計史学会賞）、『損益計算の進化』2005年 森山書店、『歴史から学ぶ会計』2008年 同文舘出版、『会計の歴史探訪―過去から未来へのメッセージ』2014年 同文舘出版、『帳簿が語る歴史の真実―通説という名の誤り』2016年 同文舘出版、『会計学の誕生―複式簿記が変えた世界』2017年 岩波新書（日本簿記学会賞）、『会計学者の責任―歴史からのメッセージ』2019年、森山書店、『原点回帰の会計学―経済的格差の是正に向けて』2020年 同文舘出版、『世界をめぐる会計歴史紀行―新たな地平を求めて』2021年 税務経理協会、*Fair Value Accounting in Historical Perspective*, ed. 2013, Moriyama-Shoten, *Biographical Dictionary of British Economists,* (take charge 2 items) Vol.1,2, 2004 Bristol, 他。

2023年7月30日　初版発行　　略称：会計と倫理

会計と倫理
―信頼と公平を携えた800年の軌跡―

著　者　Ⓒ渡　邉　　泉
発行者　　中　島　豊　彦

発行所　同 文 舘 出 版 株 式 会 社
東京都千代田区神田神保町1-41　〒101-0051
営業（03）3294-1801　編集（03）3294-1803
振替 00100-8-42935　http://www.dobunkan.co.jp

Ⓒ I.WATANABE
Printed in Japan 2023

DTP：マーリンクレイン
印刷・製本：三美印刷

ISBN978-4-495-21049-6